なぜか
話しかけたくなる人、

有川真由美

ならない人

PHP

はじめに

自然と人が寄ってきて会話がはずむ人
見知らぬ人ともすぐフレンドリーになれる人
話をすると、なぜか楽しくなる人

あなたのまわりに「つい話しかけたくなる人」はいませんか？
「あの人には話しかけたくない」という人もいるのではありませんか？
「話しかけたくなる人」と「ならない人」、
一体、なにが違うのでしょう？

じつは、決定的な違いがあります。とても簡単なことですが、人から話しかけられる人は、**話しかけてもよさそうな〝なにか（理由）〟をもっているから。**
逆に、「この人には、話しかけてはいけない」と感じる〝なにか〟をもっている人には、話しかけません。

人は、意識的でも、無意識でも、そんな〝なにか〟を瞬時に察知して、話しかけるかどうかを選んでいるのです。

〝なにか〟といっても、美しさとか派手さとかではありません。一つひとつは、とても些細《ささい》なことばかりです。

ちょっとした表情、言葉やリアクション、振る舞い。

そんな具体的な〝なにか〟を知って、少し行動を変えるだけで、あなたも、その瞬間から「話しかけたくなる人」になることができます。

人は、なにかの理由があって「話しかけたくなる人」を選びます。

その理由って何なのでしょうか？

人から話しかけられる人は、話しかけてもよさそうな〝なにか（理由）〟をもっている。

それは、ちょっとしたこと

「話しかけたくなる人」のメリットは、思った以上に大きい

その「理由」については本書で、ていねいにお伝えしていきますが、「話しかけたくなる人」になるメリットは、とても大きいことを知っておいてほしいと思います。

口下手でも、自分からは積極的に話しかけられなくても、なんとなく「話しかけたくなる」「この人といると心地いい」と思われる人は、本当の意味でのコミュニケーション力が高い人であり、本人が思う以上にトクをしている人です。

「話しかけたくなる人」は一見、受け身のようですが、相手の気持ちに応えること、相手をよろこばせることで、自然といい人やいい情報が集まって、プラスのサイクルができていきます。

まわりに引き立ててもらって、人生が大きく好転することもあります。

そうなるためには、まずは多くの人に「話しかけやすい人だ」と感じさせる雰囲気づくりからはじめればいいのです。

「話しかけたくなる人」の7つのメリット

- ○話しかけられるので、出逢いの数が多く、さまざまなチャンスが増える
- ○人と接することで、必要な情報、新しい情報が入ってくる
- ○話をすることで、理解し合い、助け合う人が出てくる
- ○人から誤解されにくくなる
- ○心地よくて、安心できる居場所ができていく
- ○話しやすいので、同性にも異性にもモテる。仕事でも評価されやすい
- ○まわりの人の笑顔が増えることで自己肯定感が上がる

そもそも、あなたはだれから話しかけられたいですか？

おそらく、生活のなかで登場する身近な人ではないでしょうか。


休憩時間に、同僚や先輩から話しかけられたい。

初対面の会合などで、だれかから、話しかけられたい。

同じビルでときどき会う異性から、話しかけられたい……というように。


そうであれば、そんな方たちの期待は、ごく簡単で、基本的なものです。

「話しかけたら、気さくに応じてくれそう！」

「この人とは、楽しく会話ができそう！」

と、まずはシンプルに思ってもらえればいいのです。

仕事相手や友人との信頼関係を築く入り口もココ。恋愛対象として見ていなかった相手でも、「話しやすい」というだけで、恋や結婚に発展することもあります。

「話しかけたくなる人」というのは、あたたかい雰囲気があって、一緒にいて心地よく、同性からも異性からも好かれる人です。

特別にむずかしいことは必要ありません。

「なんとなく感じのいい人」「自分を受け入れてくれそうな人」という印象をもってもらえたら、それでじゅうぶん。

ただし、ちょっとのことでその印象は、よくも悪くも大きく変わるものです。

まず第1章では、そのポイントをお伝えしていきましょう。

CONTENTS

第1章 話しかけたくなる人

第2章

「話しかけたくなる人」のマナー

第3章

「話しかけたくない」をなくすちょっとしたヒケツ

第4章

どんな人とでもキズナをつくるコツ

いますぐ実践！　キズナに効くアクション

《職場》

第5章

「話しかけるのがうまい人」の秘訣

第1章

話しかけたくなる人

01 「特別な人」でなくても、人は近寄ってくる

あなたは、こんなことを思うことはありませんか？

「なんで○○さんのまわりには人が集まるんだろう」

「なんであの人ばかりがみんなから声をかけられるんだろう」

「なんで私は人の輪のなかに入れないんだろう」……。

そして、その理由を「あの人は見た目がいいから」「あの人は優秀だから」「あの人はおしゃべりがうまくて目立つから」といったことで片付けていませんか？


容姿の美しさ、話のうまさ、仕事の能力といった〝優秀さ〟は、「話しかけやすさ」とは、ほとんど関係ありません。

人目を引いたり、一目《いちもく》置かれたりするような〝特別感〟が必要ということでもありません。

たしかに、「優れていれば（特別であれば）」人から注目されることもあるでしょう。でも、そんな人と仲良くなりたい、話したいと思うかは別問題です。

あなたにも経験がないでしょうか？

仕事でわからないことを聞きたいとき、ものすごく優秀な人よりも、やさしく教えてくれそうな人を選んで声をかけること。

初対面の会やパーティで一人になりたくないとき、人目を引く美人や、目立ったファッションの人よりも、親しみを感じる人を選んで、おしゃべりをすること。

むしろ、そんな人たちは自然に、普通にそこにいる人たちであり、緊張感がなく、リラックスして接することができる人です。

つまり、**優秀でも、特別でなくてもいい。だれでも「話しかけたくなる人」になることは可能**だということです。

02 穏やかな人には、話しかけやすい

穏やかな雰囲気をまとっている人は話しかけやすく、一緒にいて心地いいものです。微笑《ほほえ》んでいるような表情や、安定した言動は、どんなことも受けとめてくれるような包容力があって、「ありのままの自分で接しても大丈夫」と思わせてくれる安心感があるのです。

感情の起伏が激しい人、せっかちな人などは、こちらが元気なときはいいのですが、疲れているときは声をかけるのをためらってしまうもの。相手の反応に不安になったり、波長を合わせるのがしんどくなったりするからでしょう。

たとえば、**仕事で質問するとき、不機嫌そうな人には聞きづらいものですが、穏やかな人は、つまらないことを質問しても、やさしく教えてくれそうです。**

真に穏やかな人というのは、単におとなしい、おっとりしているというのではなく、なんでも受け入れてくれそうな、包容力のある人ともいえます。

穏やかな人になるためのいちばん手っ取り早く、効果的な方法は、**〝肯定的な言葉〟を使うこと**です。「それは困る」というのを「そういうこともあるね」と言ってみる。「面倒くさい」というのを「ちょっと手間がかかるけど、大丈夫」と言ってみる……。

肯定的な言葉はほかにも「いいね」「たしかに」「ありがとう」「よかった」「できる」などたくさんあります。いずれも気持ちのいい言葉で、ものごとだけでなく、他人も、自分も肯定的に受け入れている印象があるのです。反対に「ダメ」「ムリ」「イヤ」など否定的な言葉を使っている人は、他人も拒絶しそうな印象があります。

また、**意識して、ゆっくり丁寧に話す、ゆっくり丁寧にドアを閉めるなど、〝言葉〟と〝振る舞い〟を「ゆっくり丁寧」にすることを心がける**と、心も後追いして穏やかになります。まずは自分をリラックスさせられる人が、まわりの人もリラックスさせられるのです。

「肯定的な言葉」と「ゆっくり丁寧に」の2点を意識するとすぐに、自分も気分がよくなり、まわりから声をかけられる回数が増えるのを実感するはずです。

03

目が合うと、話しかけやすい

「ふと目が合って、話しかけられた」という経験はだれにでもあるでしょう。

たとえば、朝、エレベーターで一緒になった人と目が合って会釈すると、「今日は早いですね」などと話しかけられた。会議や講義などで司会の人と目が合って、「〇〇さんはどう思いますか？」などと当てられた、というように。

「目が合うと、会話が始まりやすい」ということは、だれもがなんとなくわかっていて、話しかけてほしいときは、相手に熱い視線を送っていたり、逆に、話しかけないでほしいときには、視線を合わせないようにしたりするものです。

とくに背中を丸めて、うつむいて、スマホを見ている姿は、自分の世界に閉じこもっているように見えて、「話しかけたらマズい雰囲気だ」と思われるはずです。

「目は口ほどにものを言う」といいますが、目はその人の気持ちを代弁しています。**目が合うことは、「あなたに興味があります」という好意のサインともいえます**。一瞬でも目が合った人は、まったく目が合わない人より、ずっと話しかけやすくなります。

相手から気軽に「話しかけてみよう」と思われるためには、普段からできるだけ顔をあげて過ごし、まわりの人に視線を向けてみましょう。

「そんなこと？」と思うかもしれませんが、意外にできている人は少ないのです。


昨今は、視線を合わせないように過ごしている人が多いのではないでしょうか。

しかし、避けていても、声をかけられるはずはなく、自分も暗い気持ちになるばかり。

歩くときや座っているときに、背筋を伸ばして前を見るだけでも、明るく、オープンな印象になります。人が視界に入ってきたとき、すれ違うときなど、顔を見て軽く会釈をしようとすると、目と目が合いやすくなります。初めての場所なら「どんな人がいる？」、いつもの場所なら「みんな、どんな調子～？」なんて思いながら。

相手の目を見ることが苦手な人は、まずは相手の鼻や顎あたりや、顔全体を見ることで、相手からは「自分を見てくれている」と思われるはずです。

04 なんとなく微笑んでいると、話しかけやすい

あたりまえといえば、あたりまえのことですが、むすっとしていたり、不機嫌そうな人よりも、微笑んでいる人のほうが話しかけやすいものです。

たとえば、店で商品説明をしてほしいとき、近くにニコニコと微笑んでいるスタッフがいると、ほっとして声をかけるでしょう。上司でも、なんとなく微笑んでいる印象の人には、ホウレンソウ（報告・連絡・相談）がしやすく、無表情な上司だと、会話が乏《とぼ》しくなります。**微笑みと無表情では、天と地ほどの差がある**のです。

自分の表情は自分では見えないもの。「愛想がない」「表情が硬い」「怒ってる?」などと言われたことのある人は、話しかけづらい雰囲気になっているかもしれません。

顔の表情は、万国共通の本能的なコミュニケーションであり、微笑みは最強の武器。や

さしく、やわらかな表情になって、人を受け入れてくれる大らかさ、親しみ、明るさを感じさせます。「話しかけても嫌な顔はされないだろう」という安心感もあります。

なんとなく微笑んでいる人は、人から悪く言われることも少ないでしょう。

「なんとなく微笑んでいる」というのが大事で、四六時中ニコニコしている状態ではありません。つねに不自然な笑みを浮かべているのも、それはそれで違和感があります。目が笑っていないつくり笑いや、人が見ていないところでは真顔になるのも、警戒されるでしょう。心と裏腹のまま、顔だけつくっているから不自然になるのです。

なんとなく微笑んでいる人は、人と接したり、なにかをしたりするときなど、「ちょっと楽しそう」という表情です。よくない出来事があっても、「ま、いっか」と遊び心でおもしろがる柔軟さもあります。つまり、毎日をいい気分で過ごそうとする人なのです。

慣れていない人は、目尻を下げて、口角を上げて、頭のなかで鼻歌でも歌ってみるといいでしょう。楽しいから微笑むのではなく、毎日を微笑んで過ごそうとすると、楽しい気分になってくることに気づくはず。心と表情が一体化してくるのです。

そんな微笑みの人は幸せそうなオーラもあるので、ますます人を引きつけるのです。

05 話を聞いてくれる人には、話しかけやすい

コミュニケーションのよくある落とし穴は、話しやすい人になろう、好かれようとついしゃべりすぎてしまうことです。

人間関係では、「話し上手の人」より「聞き上手の人」のほうが、ずっとトクする仕組みになっています。**人は「自分の話を聞いてくれる人」が大好きですから。**

だれもが人間関係のなかでは「自分のことをわかってほしい」と思っています。「話を聞いてもらうこと」は、心の解放や癒し、安心感、自尊心を満たすことであり、つねに心の奥でそんな人を求めているのです。

「自分のことをわかってもらえた！」「この人と話すと楽しい！」と思った人のことは好きになり、自然に相手の話も聞きたい、相手のためになにかしたいと思います。

トーク番組などで、俳優やタレントにインタビューをしている司会者や、あなたのまわりの聞き上手な人を思い出してみてください。

特徴的なのは、身を乗り出すようにして、真剣に聞いていること。

「へー、それ、すごいなぁ」「おもしろいですね～」など、情感たっぷりのリアクションで、楽しそうに相手の話に聞き入っているのではないでしょうか。

つまり、「〝ちゃんと〟聞こうとする姿勢」なのです。

聞き上手な人は、「なんでも話して！」と言わんばかりに、〝表情〟〝姿勢〟〝あいづち〟の3点セットで、あたたかく受け入れる気持ちを表現しています。

大抵は受けとめてもらえるという安心感があるから、気楽に話しかけられるのです。話の内容云々《うんぬん》ではなく、相手そのものへの興味や愛情をもって聞いているからでしょう。

反対に、話す相手が、ほかのことをしながら話を聞き、無表情で「ふーん」と気のない返事をしていたら、「この人とはもう話したくない」と思うでしょう。

相手の話にちゃんと耳を傾けること。忘れがちなことですが、それが相手を大切にするいちばん効果的な方法であり、いい聞き手のまわりには人が集まってくるのです。

06 「ぜったいに否定しない人」には、話しかけやすい

電話で占いをしている友人がいます。彼女に「リピーターをつくるコツ」を聞くと、「ひたすら肯定すること。どんなにヘンだと思うことも『そう思ったのね』とぜったいに否定はしない。みんな、自分を肯定してほしくて電話してくるようなものだから」

自分のことを否定しない人だとわかると、安心してほぼリピーターになるのだとか。

ほとんどの人は、否定されると傷つきます。

自分の発言に対して、「いや、そうじゃないでしょう」「それは違うよ」「むずかしくない？」などと真っ向から否定されると、悲しみや不安、怒りなどの負の感情が生まれます。

一度、負の感情をもった相手は「話しにくい人」として記憶にインプットされて、「ま

た否定されるんじゃないか」という恐れから、雑談や相談ごともしなくなります。

とくに「部下や年下から話しかけられない」という人は、上から目線で否定してしまったことがあるのかもしれません。「正してあげなくては」というつもりでも、相手が先に負の感情をもつと、よっぽど強い信頼関係がないかぎり、反発されるものです。

反対に、「ぜったいに否定しない人」としてインプットされれば、自分を素直に出せる安心感から、話しかけられることが多くなります。相手を否定しなければ、相手もあなたを否定せず、素直に話を聞こうという態勢になります。

意見が違っても、「そういう考えもあるね」「考えてくれてありがとう」など、「あなたが考えていることは理解しました」という旨《むね》の反応をするといいでしょう。

「否定しない人」と認識されるには、日ごろからネガティブな言葉を使わないことも大事。たとえば「仕事が遅い！」と言われると否定されたと感じますが、「仕事は丁寧だから、時間内にできれば完ぺき」と言われるとほめや励ましの言葉として受け取ります。

「今日は雨で最悪」と言う人より、「たまには雨の日もいい」と言う人のほうが、明るくて話しかけたいと思います。〝明るさ〟のカギは、やっぱり肯定的な言葉を使うことです。

明るくさわやかな人に、人は引き寄せられることを覚えておいてください。

07 話題が豊富な人には話しかけやすい

食事休憩や移動時など、だれかと一緒に過ごすことになったとき、「この人とは、なにを話していいかわからない」という人がいるものです。また逆に、「この人とは、なんでも話せる」「もっといろいろと話したくなる」という人もいます。

話しかけやすい人は、たくさんの話題の引き出しをもっているため、年齢、性別、立場に関係なく、いろいろなタイプの人たちと話を合わせることができるのです。

といっても、会話のヒケツは、**自分の引き出しからあれこれ披露するのではなく、〝相手〟の引き出しから、おもしろいものを見つける**こと。相手が好きなことや、相手とのちょっとした共通点に、話のチャンネル（周波数）を合わせられる人は、「この人と話すと楽しい」と思われるのです。

男性の友人で、どんな話題を投げても、返してくれる人がいます。流行《はや》っている本、お笑い、グルメ、旅行、健康など情報を交換したり、楽しさやおもしろさを共感し合ったり。そのため、同性からも異性からもモテて、女子会にも声がかかるほど。

彼は無理に話を合わせるのではなく、知ったかぶりをするのでもなく、どんな話も興味をもって聞き、「それはすごいねー」と感動したり、「男性の立場から言うとね、〜」と別の視点で話したり、「それは知らなかった」と素直に言ってくれたりするので、どんな話も気楽にできるのです。

「この人とは話が合う」と思う相手には、自然に声をかけたくなるもの。ニッチな趣味や仕事、経験などで話が合う人は貴重でうれしいものですが、巷《ちまた》のニュースなど取るに足りない世間話ができる人も「なにを話してもいい」という安心感があります。

話題が豊富な人は、とにかく好奇心が旺盛。知らないことを見つけると、ネットで調べたり人に聞いたり。やってみたいことにはすぐに飛び込んでいく行動力もあります。

知識と経験による情報が増えるほど、会話の糸口を見つけやすくなるのです。

得意分野のある人には話しかけやすい

08

生きていれば、自分だけでは解決できない問題が次々に起きるものです。

「こんなとき、どうすればいい？」

私たちはよく、そんな問題を〝知恵〟をもった人に聞いて、解決しようとします。

私も「自分では手に負えない」と感じたら、〝できている人〟にすぐに聞きます。仕事や人間関係から、季節料理の作り方、部屋が散らからない片付け方、見栄えのする服のコーディネートなど、「こうすればいいよ」と身をもって教えてくれる人は、たいへん心強く、できることなら、ずっと近くにいてほしいと思います。

〝知識〟とは「知っていること」ですが、〝知恵〟とはそれを活用して、「問題を解決できること」。どんなに優れた知識も、もっているだけでは、高価な材料を手に入れているのに、使えないようなもの。その点、知恵のある人は、もっている材料を活用しておいしい料理を次々に生み出していける人です。

職場でも地域でも友人でも、知恵のある人は一目置かれてよく声がかかります。目の前の問題を鮮やかに解決してくれるので、〝できる人〟として魅力的に映ります。

いますぐ「知恵のある人になりましょう」といってもむずかしいものですが、**自分の〝得意分野〟をもつことが、知恵のある人に近づくヒケツ**かもしれません。仕事や趣味、生活、遊びなど、自分やだれかの役に立つ知恵であれば、なんでもいいのです。

ある知人は、パソコンのセキュリティー担当の派遣社員として、大企業で働くうち、部長や重役たちから「ちょっと困ってるんだけど、助けてくれない？」と直接、声がかかるようになりました。その誠実な対応ぶりと、ほかにも翻訳作業など得意分野を手伝っているうちに、30代前半で取締役として抜擢されることになったのです。普通に新卒として就職しただけでは、重役と話すまでに、何十年もかかったことでしょう。

知恵をもっていれば、どんな人ともつながる〝きっかけ〟がつくれます。人を助けたりよろこばせたりすることが増えるので、自然に好意をもたれるようになるのです。

09
欠点がある人には、話しかけやすい

見た目や性格、仕事の不出来などなにかの欠点を自覚している人は、「私など、声をかけてもらえないし、自分からも声をかけられない」と消極的になりがちですが、実際はまったく逆。人は欠点があるからこそ、同性にも異性にもモテるのです。

あなたのまわりにいる「なぜか話しかけやすい」「なぜか愛されている」という人を何人か思い浮かべてください。なにもかも完ぺきな人たちでしょうか？

むしろ、**ダメな部分を〝売り〟にしている人**ではないでしょうか。

「じつは極度のあがり症」「性格がひどく天然」「早とちりでそそっかしい」「学校での成績は悪かった」など、自分のほうから欠点をオープンにしている人は、親しみや愛嬌《あいきょう》があって、欠点はむしろ、人間的な魅力になります。

「私はちゃんとしています」と〝真っ当さ〟を前面に出そうとする人は、好かれようと努力をしているのにもかかわらず、人からツッコまれると固まってしまうような堅苦しさがあるのです。それよりも「至らないところがありまして……」と〝人間味〟を出している人は自然体でラクにつき合え、話していても楽しいのです。

欠点を見せる匙《さじ》加減は、「自分で笑い飛ばせる欠点か?」ということ。本人が笑えるような欠点は、その人の株が落ちるものでもありません。

そんな欠点をさらりと出すと、一瞬で和《なご》み、まわりも安心してツッコめます。

真剣に悩んでいるコンプレックスなど笑えない欠点を披露しても、「そんなことないですよ」と慰めればいいのか、同意していいのか反応に困るでしょう。

また、欠点のある人は、応援したくなる人でもあります。かつての上司で、事務作業が苦手、時間にルーズ、忘れっぽいなど、欠点ばかりの人がいました。

部下たちから「大丈夫ですか?」「～しましょうか?」と一日に何度も声をかけられていたのは、「デキる部下たちに助けられています」という感謝と謙虚な姿勢があったからでしょう。欠点というのは、人が入っていける〝隙〟なのかもしれません。

ちょっとした〝変化〟がある人には、話しかけやすい

10

「あれ？　髪切りました？」

そんな声をかけられたことは、だれでもあるでしょう。「あれ？」と心に留まる変化があると、人は声をかけやすくなるもの。とくに女性のハッキリとわかる変化に声をかけるのは、ひとつの礼儀。スルーされた人は、「なんで気づいてくれないのよ」と苛立ったり、「私、嫌われてるのかな」と不安になったりするかもしれません。

変化に気づいてもらえることは、「あなたをちゃんと見てますよ」と言われているようなもの。自分の存在を認めてもらっている証《あかし》なのです。

営業マンでおもしろい柄のネクタイをしていたり、似顔絵入りの名刺を出したりする人がいるのも、話のきっかけづくりや、自分を覚えてもらうための仕掛けでしょう。

なにもなくても「こんにちは！　今日はいい天気ですね」などと気さくに話せる環境であればいいのですが、多くの場所では、顔見知りであっても、なかなか話すきっかけがつかめないものです。

そんなとき、服や持ち物など目に留まるアイテムをもっていたり、いつもと違う変化があったりすると、話しかけられる確率が高まり、話が広がることもあります。

おすすめなのは、ギャップのあるものをひとつもつこと。たとえば、強面《こわもて》の男性が、かわいらしいキャラクターのスマホケースをもっていたり、若い女性がおばあちゃんからもらったようなポーチを使っていたり。すると、「それ、どうしたんですか？」とツッコみやすくなり、心の距離はぐんと縮まります。

また、**変化に気づいてもらうためには、〝自分〟が相手のちょっとした変化に気づくようにすること**です。「いつもと違うネクタイですね」「今日は早いですね」「いつにも増していい笑顔ですね」など、なんでもいいのです。人の態度は、自分の心を映す鏡。相手もあなたの変化に気づくようになります。ちょっとした変化に気づいて声をかけ合う関係になれば、安心できる場所になっていくはずです。

できるだけ「素の自分」で接する

11

　へんに飾ったり、委縮したりせずに、〝素の自分〟で接してくれる人は、リラックスした雰囲気があって、心地いいもの。当然、話しかけられることも多いでしょう。

　〝素の自分〟になれないのは、「私はどう思われているのか？」と、人の目を気にしてしまうからでしょう。

　でも、素の自分を出している人ほど、好かれるのです。

　たとえば、なにかのパーティでも、婚活でも、嫌われたくないために、思っていることを言えず、聞きたいことを聞けず、へんに思われそうな自分の趣味や性質は封印して、当たり障《さわ》りのない会話しかしなかったらどうでしょう？

　だれにも嫌われない代わりに、だれにも興味をもたれず、2回目はないでしょう。

ざっくばらんに自分のことを話したり、率直に質問したり、大笑いをしながら食事を楽しんだり……と、**そのままの自分で接すると、合わない人は離れていきますが、興味をもってくれる人が出てきます。**波長の合う人も見つかりやすく、親密になる可能性は高い。その人自身の魅力は、自然体でいるときにいちばん発揮されるのです。

素の自分で接する効果的な方法は、「自分は〜のタイプです」と宣言してしまうこと。

自分の欠点や弱みに対して「×」を出しているから、自然に振る舞えないのです。「じつは面倒くさがりです」「どちらかというと内向的です」「子どものころから漫画が大好きでした」「運動は苦手です」というように、ありのままの自分を認めてオープンに接するのは、ひとつの強み。いっそのこと、「緊張して、なかなか自然に振る舞えないんですよね」とそのまま言ってみるのもいいでしょう。

そんな姿は、相手からすると「心を開いてくれている」と思われます。

「その人がどんな性質か？」ということよりも、「自分に対してオープンに接してくれるか？」ということのほうが、好感度に影響します。つまり、どんな性質であっても、心を開くことで、受け入れてもらえるのです。

第2章

「話しかけたくなる人」のマナー

12

話しかけたくなる人は、マナーに心を乗せている

年齢、性別、立場、価値観などを超えて、声をかけられる人は、〝マナー（礼儀）〟がいかに大切かを、よくわかっている人です。

マナーとは、人間関係やものごとがうまく回るために、とるべき態度のこと。歳月をかけて、社会のなかで共通認識されていったものです。

なぜか声をかけられる人は、お互いの間にマナーがなければ、人は離れていき、マナーがあれば、人が安心してそこにいられることを理解しているのでしょう。

たとえば、タメ口で話す後輩にイラッとして、「年上に対する礼儀も知らない人だ」と思う人は多いでしょう。きちんとした敬語でにこやかに話す後輩だと、自分が大切にされているようで、「ちゃんとしていて、いい子だ」と好意的に思うはずです。**マナーがない**

人には直感的に〝危険〟を感じ、マナーがある人は〝信頼〟するのです。

「マナーなんて堅苦しい」「正しいマナーに自信がない」なんて思っていませんか？

しかし、むずかしく考えることはありません。

ここでいうマナーとは、型どおりに正しく行うことが目的ではなく、自分も相手も心地よくなることが目的です。

だから、**〝心を乗せること〟〝心を通わせること〟が大事**なのです。

先日、マンションのエレベーターで先に乗っていた男子高校生が、荷物で両手がふさがっている私に、照れくさそうに「何階っすか？」と聞いて、ボタンを押してくれました。なんだかほっこりして、次に会ったときから、その高校生に「おはよう！」「いってらっしゃい！」などと声をかけるようになったのです。

声をかけられる人のマナーは多少崩れていても、あたたかい気持ちになるもの。反対に、声をかけられない人は、正しいマナーでも、マニュアル的で冷たさを感じるものです。

第2章では、なぜか声をかけたくなる人が、さりげなくしていて、いい印象を効果的に与えるマナーについてお伝えしていきましょう。

13 声かけにはひと言ではなく、二言で返す

声をかけるだけで延々と話ができる相手もいるのに、「あの人とは会話が続かない」と思う相手がいませんか？

「今日はいい天気ですね」と声をかけても、「ええ、まぁ」「そうですね」とそっけなく答えたあと、沈黙……というような相手には、なんとなく話しかけにくいものです。

しかし、そんな人たちのほとんどは、話したくないワケではなく、「どう返せばいいかわからない」のではないでしょうか。ちゃんとしたことを言おうと焦って、言葉が出てこないこともあります。

会話が続かないのは、声かけや、聞かれたことに対して「そうですね」「〇〇です」など、ひと言だけで返しているからです。

会話のキャッチボールは、相手のボールをキャッチするだけでなく、〝もうひと言〟つけ加えて、相手に投げ返すことがマナーなのです。

「天気がいいですね」と話しかけられたときも、あとひと言足すと会話が続きます。

「ほんとにいい天気。そういえば、最近、ずっと晴れの日が続いていますね」

「ええ。気候もいいので、どこか出かけたくなります。最近、どこか行きました？」

というように、適当なコメントでいいのです。相手は軽い気持ちで声をかけていて、「なんでもいいから返して」と思っているのですから。

「〇〇さんはどこのご出身ですか？」など質問されたときも、ただ答えるのはなく、

「東京です。だから田舎がある人がうらやましいです」（感想、気持ちを伝える）

「福岡です。△△さんはどちらですか？」（同じ質問を返す）

「鹿児島です。小学校は1学年1クラスしかない田舎でした」（詳しく話す）

など、もうひと言あると、声かけに「よろこんで！」という気持ちが伝わります。

なにを話そうかと考えなくても、相手の言葉に「一言で返す」を意識すれば、会話は続きます。「この人には安心して話しかけられる」と思ってもらえるはずです。

〝事柄〟より〝感情〟を示す言葉で返す

14

会話をするとき、話をしている人が主導権を握っていて、聞いている側はただそれに合わせているだけだと思っていませんか？

それは大きな間違いです。じつは、聞いている側が、なにに〝焦点〟を合わせているかで、話の方向性も、相手との関係性も変わってくるからです。

だれかが「会社の健康診断で、ひっかからないかと心配していたら、大丈夫でした」と言ったとき。「会社で健康診断があるんだ」とか「再検査になると面倒ですよね」というように「健康診断」という〝事柄〟に焦点を当てると、「年一回の健康診断って大事ですね」といった方向に話は進んでいきます。

「ひっかからなくて、ほっとしましたね」「わかるまではドキドキしますよね」など相手の〝感情〟を示す言葉で返すと、「そうなんです！　じつは健康でちょっと不安なところがあったので……」と**心を開いて話す方向に進んでいきます**。人は「〝共感〟してもらえた！」と感じる相手には、強い親近感を覚えて、関係が深くなるのです。

私もときどき話したいと思う相手は、「それはうれしかったね」「楽しみだね〜」など一緒になってよろこんでくれる人。親しい友人になると、「私も腹が立ってきた！」「悔しいよね」など**怒りや悲しみの感情も共有してくれる**ことがあります。〝他人事《ひとごと》〟ではなく、〝自分事〟としてくれるので、心が通じ合っている感覚があるのです。

女性同士は〝共感〟によってつながるといいますが、男性でもこれができる人は間違いなくモテます。「それは安心だね」「つらかったよね」など女性の心に寄り添ってくれる男性には、「この人はわかってくれる！」と心を許し、安心するのです。

ただし、なんでもかんでも〝共感〟すればいいというものではありません。経験のないことに対して「それはたいへんですね」などと安易に共感すると、「あなたにはわからない！」と反感をもたれることもあります。「〇〇さんが言うなら、そうなんでしょうね」と自分の立場から、相手の気持ちに寄り添うといいでしょう。

15 日ごろからポジティブな言葉を使う

日ごろからポジティブな言葉を使っている人は、明るく、心地いいオーラがあり、自然に声をかけたくなります。〝ポジティブな言葉〟は、ひとつのマナーなのです。

たとえば、仕事を頼まれたとき、「最悪。早く帰りたかったのに」などとネガティブなことを言っている人より、「2時間もあれば終わるでしょう」と前向きな発言をする人とつき合いたいもの。こちらまでも力がわいて、明るい気分になってきます。

なにかと批判をしたり、会社の愚痴を言ったり、人の悪口を言ったりしている人は、一瞬、「言いたいことをハッキリ言える人だ」という痛快さがあるものの、いつもそうでは気が滅入って、だんだん避けたくなってきます。周囲にネガティブな影響を与えている人は〝マナー違反〟であり、積極的には関わりたくないでしょう。

かつてパワハラ上司のもとで働いていたとき、「こんな上司に当たるなんて、運がない」と被害者意識でいっぱいの私に、同僚がこんなことを言ったことがありました。

「いま私たち、相当、人間力が育ってるね。あの上司と働いたら、あとは楽勝でしょ」

一見マイナスのことも、長い目で見たらプラスになる。しんどい職場でもいいことはある……という凛《りん》とした姿勢は、お手本にしたいと思ったほどです。

ポジティブな精神を身につけることは一朝《いっちょう》一夕《いっせき》にはできませんが、**ポジティブな言葉を使うことはだれにでもできます**。そんな言葉の習慣は、心のクセになっていきます。

ゲーム感覚で、さまざまな事柄をポジティブに言い換えてみるといいでしょう。

「忙しい」⇒「充実している」、「優柔不断な人」⇒「よく考えて決める人」、「もう○○歳」⇒「まだ○○歳」、「失敗したらどうしよう」⇒「失敗しても大したことにはならない」、「ありえない！」⇒「あるかもね」というように、反対側から見てみるのです。

人間は、なにかと不安になりやすい生き物です。だからこそ、ポジティブな言葉を使う、明るい人を求めているのでしょう。「泣いても笑っても同じ一日」なら、いい言葉を使って笑って過ごそうではありませんか。

なんでもいいから「ほめる」

16

「話を聞いて〜」と、たくさんの人が集まってくる友人がいます。

彼女が愛されている理由のひとつは、まるでお母さんのようにほめてくれるから。

同席した中年男性がプリンを食べる姿を見てしみじみ「世界一プリンをおいしそうに食べる男ね。私まで幸せになってくる」とほめて、妙にナットクしたことがありました。愛のある目で見ないと、そんなほめ言葉は出てこないでしょう。私も、小さなこと、自分でも気づかないこともほめてもらえるので、「また会いたい」と思うのです。

どんな人も、自分のことを認めてほしいと思っています。人をほめることは、相手を好意的に見ることであり、人をよろこばせるサービス精神です。

それがなかなかできないという人は、なんだか照れくさい、認めるのは悔しい、相手をおだてているようだ、といった気持ちもあるかもしれません。「なにをどうほめたらいいか？」などとむずかしく考えると、ほめられなくなってしまいます。

ほめ上手な人というのは、気負うことなく、素直に「いいな」と思った瞬間、口にしている人です。「それ、いいねぇ」「すご〜い」「お、さすが！」「がんばってる」「尊敬……」といった簡単な言葉でも感情をこめて言うと、相手は素直によろこんでくれるはず。口をついてするりと出てきた言葉が、人の心にいちばん刺さるのです。

それでもほめることに抵抗がある人は、「私」を主語にしてほめるといいでしょう。「○○さんがいてくれたから（私は）助かった」「〜がうれしかった」「勉強になった」「感動した」など自分の気持ちを話すだけでほめ言葉になり、説得力が出てきます。

人は、自分が相手にいい影響を与えているとわかれば、大きなよろこびを感じるのです。

ほめることで、いちばんトクをしているのは、自分自身です。ほめ慣れてくると、相手の小さな変化、意外な長所、感謝するところが見つけやすくなり、好意的に見られるようになります。好意を与えられた相手は、好意を返したくなるという「好意の返報性」の心理によって、ほめる人が愛されることは間違いありません。

17 忙しくても相手の顔を見て返事をする

職場でなにか頼まれたときなど、パソコンの画面を見たまま、または作業をしながら、「はい……」と小さな声で、つぶやくように返事をしている人はいませんか。

それでは話しかけた相手は、「ちゃんと聞いているの？」「ほんとうにやってくれるの？」「嫌なの？」と心配になるでしょう。万が一、ミスや間違いがあったら、「ほら、ちゃんと聞いていないから！」と、責めたくなるかもしれません。

話をしている人は、話しながら「聞いている人の態度」をよく見ているのです。

【「また声をかけたい」と思われる人の返事マナー】は……。

1 忙しくても相手の顔を見て応える　なにか作業をしている途中でも、一瞬だけ手を止めて、相手の顔を見て（できるなら体ごと向けて）、「はい」「わかりました」と返事をすると、自然に明るくハッキリした言い方になります。相手の顔を見ていないから、ボソッとした口調や、「はいはい」「はーい」と適当な言い方になるのです。

作業が中断するのは数秒のこと。作業を優先して人との信頼関係を失うのはもったいないことです。

2 「はい＋α」で応える

「はい」とだけ応えられると、話しかけたほうは、なんとなく物足りなさを感じたり、「大丈夫かな？」と心配になったりするもの。「はい。〜ですね」と相手の言ったことを復唱するだけでも、相手は「ちゃんと伝わっている」と安心します。「〜までにすればいいですね」「〜で問題ないですか」など、大事なポイントを押さえておくのもいいでしょう。

3 最後に〝にっこり〟をプラス

深刻なことでなければ、微笑みをプラスすると、印象が倍以上違います。とくに語尾で〝にっこり〟すると、自信に満ちた印象になり、「この人は信頼できる」と評価も変わってくるはずです。

どんなに忙しくても、ちゃんと応えようとする姿勢は、相手を大切にしているメッセージなのです。

18　あいづちに〝感情〟を乗せる

話しかけたくなる人は、かならずといっていいほど、〝あいづち上手〟です。

あいづちに、〝感情〟がこもっているので、話が盛り上がるのです。

「じつは、今週末、こんな予定がありましてね」と話したときに、「そうですか」と、あっさり返されると、「それだけ？」とトーンダウンしてしまうでしょう。

「本当ですか？　それはいいですね～」とか「ワクワクしますよね」と感情がこもっていると、「はい！　いまから楽しみで……」と話に弾《はず》みがつきます。

あいづちとは、音頭に「ハー、ヨイヨイ」と入れる合いの手のようなもの。わざとらしくない程度に大きめのリアクションを心がけましょう。

【効果的なあいづちの3つのポイント】をご紹介します。

1　〝キーワード〟のオウム返しで「しっかり聞いていること」を示す　「最近、DIYにハマっているんです」「いいですねぇ」ではなく、「DIYですか！　いいですねぇ」と、相手の話のなかから〝キーワード〟を繰り返すと、「興味をもっている」というメッセージに。ただし、やりすぎは、しつこくなるので注意。

2　最初に感嘆詞をつけて〝感動〟を表す　「ランチ、ご一緒しませんか？」と声をかけられたとき、無表情で「行きます」と言うより、笑顔で「うわー、行きます！」と感情を盛り込んだほうが、相手もうれしいもの。感動を表すには、第一声で「おお」「ほほう！」「へーっ」「おっと」「え～？」など感嘆詞をつける、「おもしろい」「うれしい」「最高」「素敵」「びっくり」など短い感情表現の言葉を伝える方法があります。

3　うなずきで〝共感〟を示す　「そうそう！」「わかります」「たしかに」といった〝共感〟を示すためにうなずきは必須。話を肯定する効果があり、相手は気持ちよくしゃべれます。「うんうん」というように小さいものを速くするより、顔や体全体で大きくゆっくりしたほうが効果的。おすすめは、一瞬、間をあけて、大きくうなずくこと。しっかりと共感が伝わるだけでなく、相手は落ち着いて話せるはずです。

19 あいさつは、顔を見て名前とセットで

スポーツジムに通い始めた当初から、「アリカワさん、こんにちは」「アリカワさん、調子はいかがですか？」と名前を呼んでくれる女性トレーナーがいます。

ほかのトレーナーも、ちゃんと「こんにちは」「おつかれさまです」とあいさつをしてくれるものの、名前を呼ぶか呼ばないかで、親近感に雲泥《うんでい》の差があるのです。

どんな美女やイケメンより、彼女がいるとうれしく、自然に私からも「最近、見かけなかったですね」「カッコいいシューズ！」などと声をかけるようになりましたから。

自分の名前はだれにとっても、いちばん重要な言葉。その名前を呼んでくれる相手は、「自分の存在を認めてくれている人」として映り、心の距離はぐっと縮まります。

あたりまえすぎて忘れがちなことですが、すべての人は「大切にされたい」「尊重して

ほしい」と思っています。そんな **〝自尊感情〟を満たしてくれる相手のことは当然、好きになり、大切にしたいと思う**のです。

職場、家族、友人など、どんな人間関係であっても、だれもがもっている「自分のことを大切にしてほしい」という単純な欲求を理解していることが、相手の心をつかむカギとなります。

あいさつはマナーの基本であり、ほとんどの人は日常的にやっていることでしょう。しかし、せっかくあいさつしても、顔を見ないでボソッと言うだけでは、逆効果。相手は「自分は軽視されている」と心のシャッターをガラガラと閉じてしまうでしょう。

①相手の顔をちゃんと見る、②名前を呼ぶ、③笑顔をプラスする……の3点を意識すると、あいさつに心がこもります。

もうひとつの知っておくべき法則は、心はマナーに後追いをするということ。相手が好きだから丁寧なあいさつをするのではなく、名前を呼んで丁寧なあいさつをするだけで、心がこもり、相手のことを好意的に、大切に思えてくるのは不思議なほど。

丁寧なあいさつは「いつでも声をかけて」というメッセージなのです。

20 初対面で感じよく見せる装い

初対面の人に声をかけるとき、私たちは「やさしそうな人」「明るい感じの人」「きちんとしている人」など、ぱっと見た〝第一印象〟から判断するものです。

第一印象は数秒で決まるといわれますが、年齢や職業、性格など情報がないからこそ、顔の表情や姿勢、装いなど見た目からなんらかの情報を得ようとするのでしょう。

「人は見た目ではなく、中身が大事」などといって、服装を軽視する人もいますが、ほとんどの人は無意識に「見た目」から「内面」を推察しています。

話しかけてもらうために、装いに気をつける価値は大いにあるのです。

装いは、相手を大切にするマナーであり、〝おもてなし〟でもありますから。

他人を見るように「自分はどんな印象に見えるのか？」「どんな印象なら声をかけられ

やすいか？」とチェックしてみるといいでしょう。

基本として「清潔感がある」「サイズが合っている」「ＴＰＯに合っている」といったことも大事ですが、話しかけられるために、ぜひ〝色〟を意識してみてください。

暗めの色よりも、明るい色、軽めの色のほうが、ぱっと目に入ってきて、オープンな印象があります。たとえば、パステル系のブルーやグリーンはさわやかで、きちんとした印象、ピンクやイエローはやさしく、あたたかい印象になります。

ビビッド系の色は華やかで、元気な印象です。すべてを明るい色にするのではなく、男性ならシャツやネクタイ、靴を、女性ならスカーフやインナーなどを、**アクセントカラーにすることで、しつこくならず、おしゃれな雰囲気**になります。とくに顔まわりは、白や軽めの色が顔色も表情も明るく見せてくれます。

また、パーティなどでは、「素敵な眼鏡ですね」「おもしろい柄のネクタイですね」「きれいな色のシャツ！」など思わず声をかけたくなるような個性的なアイテムを一点、身に着けるといいでしょう。ただし、個性的すぎたり、威圧感を与えたりするものは、逆に人を遠ざけるので、明るく、親しみを感じさせるものを選んでください。

21 少しだけ丁寧な言葉を使う

ある大学の医学部の教授が、医師となる卒業生たちに、こんな言葉を贈ったといいます。

「言いたいことはひとつだけです。患者さんには生涯、敬語で接してください」

その言葉は「傲慢《ごうまん》になってはいけない」「患者に敬意を払いなさい」といった意味だけでなく、丁寧な言葉で接することで、まわりとの信頼関係が築けて仕事がスムーズにいったり、人の意見も聞けて成長できたりするという意味もあるのかもしれません。

たしかに、敬語で話す医師と、タメ口で話す医師の印象はまるで違います。

先日、母の付き添いで診察に行ったときのこと。2時間近く待たされた挙句《あげく》、若い主治医が高齢の母に「調子はどう？　薬は効いた？　今日は検査だよ」とタメ口。親しみをこめてなのでしょうが、「ちょっと上から目線では？」と感じてしまったのです。

もうひとりの年配の主治医は、いつも敬語。「変わったことはありませんか？」と聞かれると、私まで「じつはこんなことがあって……」となんでも話したくなるのです。

職場でも「この仕事、お願い」と頼んでくる上司、「この仕事、お願いできますか」と頼む上司、どちらが気持ちよく引き受けられるかというと、当然、後者でしょう。

タメ口だと、相手から「自分は軽んじられている」と思われることもあります。

敬語だと、丁寧に扱ってくれていると感じて、嫌な印象をもつことはありません。

強い信頼感のある上下関係、仲のいい友人など、フランクな言葉を使うこともありますが、それでも少しだけ丁寧な話し方を心がけたほうが、大事にされている印象です。

「少しだけ丁寧」というのがポイントで、「お仕事をお願いしてもよろしいでしょうか」など、かしこまりすぎると、お互いに肩に力が入って、心の距離が縮まりません。

また**「少しだけ丁寧」であるためには、意識してゆっくりしたスピードで話す**こと。

緊張したり、焦ったりすると、早口になって、せっかちな印象を与えてしまいます。

自分では**「少しゆっくり話している」と思う程度の速さが、相手は聴きやすく、安心して話をしやすい**もの。ゆっくりと、少しだけ丁寧に話すことを心がけましょう。

22

「あなた」を会話の主役にして質問する

何度も強調しますが、だれでも「自分の話を聞いてくれる人」が大好き。「この人は自分の話に興味をもっている！」と感じる相手には、もっと話したいと思うものです。

しかし、人間というもの、いくら相手の話を聞こうとしても、まったく興味がない話をされると、つい適当なあいづちを打ったり、目が泳いだり、早めに切り上げようとしたりしてしまうもの。そんな様子から、「この人は私には興味がない」「ちゃんと話を聞いてくれない」と感じるのもムリはありません。

〝聞き上手〟になるヒケツのひとつは、相手の話のなかから「自分の興味をもてること」を見つけて、〝深掘り〟していくこと。

始まりは、「最近、ハマっていることは？」「よかった旅行先は？」「好きなスポーツは？」など、相手が話しやすそうな質問を投げてみます。

とくに相手の好きなことや経験などは話しやすいテーマでしょう。

そんな話のなかから自分が興味をもてそうなことを見つけたら、**「それって、どんなものですか？」「どんなところがおもしろいですか？」「どんなふうにするんですか？」など、相手が具体的に話せるように質問する**のです。自分の考えを伝えたり、さらに気になるところを質問したりしているうちに、立派に「相手を主役にした会話」が成立します。

「この人と仲良くなりたい」「会話を続かせたい」というときは、興味があるフリをして「それってなに？」と、とりあえず深掘りしてみるのもいいかもしれません。

最初はそれほど興味がなかったテーマでも、それを好きな人や、詳しい人が楽しそうに話すのを聞くうちに、知的好奇心が刺激されるのはよくあることです。

マナーとしていただけないのは、「私の場合はね、〜」「あ、僕もそこ行ったんだけど、〜」と自分の話にすり替えてしまうこと。話を横取りされたようで不快に思う人もいるでしょう。「〝あなた〟を会話の主役にすること」はひとつのマナーでもあるのです。

23 あたりまえのことに「ありがとう」を伝える

あなたは「ありがとう」という言葉を、1日に何回、使っていますか？

「ありがとう」をどれだけの頻度で使うかで、人間関係がうまくいくか、ものごとがうまくいくかも決まると思うのです。

テレビ局で働く人に、「長年、声をかけられ続けるタレントさんにはどんな特徴がありますか？」と聞いたことがあります。その答えは……。

「その人の努力もあるけど、まわりに感謝の言葉を伝えているかが大きい。いつも感謝を口にしている人は、まわりを大事にしているから、一緒に仕事をしていて心地いい。反対に、自分の力だけで人気があると勘違いした人は、横柄《おうへい》な態度になって、消えていきますね」

「ありがとう」を伝えることは、周囲に支えられている、お世話になっているとわかっていること。自分一人ではなにもできないという謙虚な気持ちもあるでしょう。

「わざわざ言うことじゃない」「やってもらって当然」では、人は離れていきます。

職場や家庭でも「ありがとう」をちゃんと伝え合っている関係は、うまくいくもの。なにかしてもらったときに「ありがとう」と言うのは基本マナーですが、まわりから愛されて、よく話しかけられる人はそれだけではなく、**あたりまえのこと、いつもやってもらっていることにも「ありがとう」を伝えています。**

たとえば上司から「連絡をありがとう」「報告書をありがとう」などと言われると、報《むく》われたような気持ちになります。家族から「いつも支えてくれてありがとう」と言われると、これからもそうであろうと思うものです。

最近、私が友人に言われてうれしかったのは、「見ていてくれるだけでありがたい」という言葉。それだけで役に立つなら、近くにいようではないかという気持ちになります。

「ありがとう」は自分自身にも力を与え、心をきれいにしてくれる言葉でもあります。

いまがあるのは当然ではなく、多くの人たちのおかげ。「ありがとう」を口にするほど、たくさんの人に自分が生かされていることを実感するのです。

相手の目線でわかりやすく話す

24

新しい仕事を教えてもらうとき、講演などを聞くとき、商品説明をされるときなど、「話がちんぷんかんぷんで理解不能！」という経験はありませんか？

先日、スマートフォンの説明を店頭でしてもらったところ、「ギガが〜」「スピードモード〜」「データフリーで〜」「パケットが〜」と横文字の羅列。私のような機械音痴の人、高齢者の多くは、慣れない単語についていけず、聞く気をなくすでしょう。

詳しそうな友人に「1ギガバイトってどれくらいのデータ量？」と聞くと、「動画2時間分っていうから、動画のニュースやSNSをよく見る人は半月もたないはず」。

このように相手目線で説明してくれる人には、つい話したくなるもの。そんな人は、わかりやすい言葉を選んだり、相手の反応を見逃さずに「いまの話、わかりにくかった？

たとえるなら……」「ざっくりいうと……」と表現を変えたりしてくれます。

テレビで政治や社会問題を語る解説者のなかで人気があるのは、むずかしい問題を中学生でもわかるように説明してくれる人たちです。なにかを教えてくれる人で信頼されるのは、**「こんなこともわからないの？」という姿勢ではなく、「こんな言葉は聞いたことないよね？」と教わる側に寄り添ってくれる人**でしょう。

そんな人たちに共通するのは、「相手にわかりやすい言葉を選んでいること」「相手の聞きたいことを話すこと」「相手が理解できているか、ときどき訊ねること」。

つまり、相手の目線で、言葉や話す事柄を選んでいるので、最速ルートで相手に的確に伝わるのです。**「伝えること」より「伝わること」が重要だとわかっていて、自分の頭のなかにある情報を、相手の頭のなかに合うように、選んで組み立てている**のです。

子どもの目線、上司の目線、新人の目線、お客さんの目線、〇〇さんの目線……それぞれに通用する〝言葉〟があります。

相手目線でわかりやすく話すことができれば、だれからも愛されるだけでなく、仕事でも「できる人」と評価されることは、間違いありません。

25 なにかしてもらったら素直によろこぶ

まわりの人から愛されて、なにかとトクをする人、手助けしてもらえる人には、ひとつの共通点があります。

それは、〝**よろこび上手**〟なことです。

私のまわりでも、ちょっとしたことによろこんでくれる人がいます。たとえばお土産のお菓子をもっていったとき、「やったー！」と小躍り。「ここのお店、気になっていたのでうれしい。よかったら一緒に食べましょうよ」とその場で開封し、しみじみ「あぁ、おいしい〜。なんて幸せ」と満面の笑みで大げさなぐらいに感動してくれる……。

そんなによろこんでくれるなら、またなにかもって行こうではないかと思うものです。

これが「そんなにしてくれなくてもよかったのに……」「ここのお菓子、よく食べてますよ」などと言われると、いくらか残念な気持ちになるかもしれません。

また、台湾に遊びに行くという友人に、余計なお世話と思いつつ、おすすめのスポットを教えたところ、「ありがたい！　住んでいた人じゃないとわからない貴重な情報です」とよろこんだだけでなく、旅行中の写真をリアルアイムで送ってくれました。

そんなことでよろこんでくれるなら、なんでも教えたいという気持ちになるものです。

人はだれかをよろこばせることに、極上のよろこびを感じるのです。

「なにかしてもらったら、お返しをしなきゃ」「なんだか申し訳ない」などと考える必要はありません。「うれしい」という言葉こそ、相手もいちばん「うれしい」のです。

ただし、相手のやっていることが的外れなときは、「こんなものだとうれしい」「気持ちはうれしい」と、求めていることをハッキリと伝えたほうがお互いのためです。

素直によろこびを表現することは、愛される人のマナーです。

荷物をもってもらったとき、仕事を手伝ってもらったとき、ご馳走してもらったとき、ほめてもらったときなど、なにかをしてもらったら、感謝の言葉とともに、最上級のよろこびを表現しましょう。

26 ノリのいい人は、声をかけやすい

「ランチ行く？」と言われたら「行きます、行きます」、「この仕事、やってみる？」と言われたら「もちろん、やらせてください」と、誘いに二つ返事で答えてくれるノリのいい人は、何度も声をかけられるものです。

即決で判断力が早く、前向きな印象があるので、話しかけやすいのです。

「うーん、どうしようかな……」「いま決めなきゃいけませんか？」とグズグズしている人は、後ろ向きの印象があり、だんだん声がかからなくなります。

判断に迷うときは、とりあえず「いいですね。スケジュール確認してからお返事しますね」と前向きに保留、断りたいときは「あ〜残念！　今回はむずかしいですけど、次回はぜひ！」と、ノリに合わせて前向きに断れば、相手も不快になりません。

「ノリがいい」というのは、相手のテンポや空気に合わせる、というマナーです。

おやじギャグを言う男性に合わせて、「バッチグーです」と返した若者、女性たちとの会話に「わかる～。私も～」とわざと女子会のノリで加わった男性がいましたが、たいへん高度なノリといえましょう。

そこまではできないという人も、だれかがおかしいことを言ったら一緒に笑う、だれかが急いでいるときは一緒に急いで手伝う、だれかが体操をしていたら一緒につき合うなど**〝一緒〟になにかをすることで、ノリのいい印象になり、親近感をもたれます。**

「そういうのはちょっと……」と引いて見ていても、ちっとも楽しくないはずです。

私は、「この人の誘いは、ぜったいに断らない」と決めている人が何人かいます。

また、「やりたい！」と思った仕事の依頼は、多少ムリをしても引き受けます。

「チャンスの神様には前髪しかない」というように、チャンスがやってきたとき、一瞬でつかまなければ、あっという間に通りすぎて、二度とつかめませんから。

ノリのいい人は、話しかけやすいだけでなく、チャンスをつかむ人でもあると思うのです。

27 自慢話より〝失敗談〟で場を和ませる

会話のなかで自分の話をするとき、自分をよく見せようとして、ついつい自慢話をしたり、武勇伝を語ったりする人がいますが、大抵は嫌われます。

表面的には「すごいですね〜」なんて言っても、相手の自分の株を上げようとする魂胆《こんたん》が透けて見えて、もやっとした反感や嫉妬をもたれるのです。

そして、嫌いになったら、相手の嫌なところがますます見えてくるものです。

逆に、くすっと笑えるような〝失敗談〟を話したほうが、相手は「自然体で飾らない人だ」と緊張がほぐれたり、「この人でもそんな失敗をするんだ」と親近感をもったりするでしょう。

好きになったら、好意的な目で見るので、自然に相手のいい部分が見えてきます。

失敗談といっても、大きな失敗より、身近で起こる些細なことがいいのです。

「いまここまで上着にクリーニングの札をつけていました」

「リズムをとりながら鼻歌を口ずさんでいたら、後ろに社長がいました」

「落とし物を拾おうとかがんだら、バッグの中身が全部落ちました」などなど。

お酒やお金の失敗、遅刻など笑えない失敗は、仕事関係者や初対面の人などには避けたほうがいいでしょう。信頼を失いかねませんから。

失敗やダメなところもさらせる人は、たとえ自慢になるようなことを言っても、嫌味がなく、「単に事実を言っている」と受け取られるものです。逆に、日ごろから見栄を張ったり、上から目線だったりする人は、「忙しくてたいへん」「都心に住んでいると、自然が恋しくなる」といった普通の話も、「それって自慢?」ととられることも。

尊敬されている人というのは、自分からは功績や長所をペラペラと語りません。

本当にすごいと思われるようなことも、人から聞かれたときに答えたり、その話題が出てきたときに話す程度の控えめなアピールなので、断然、カッコよく見えます。表向きは親しみのある人になって、〝能ある鷹の爪〟はちらりと見せましょう。

28 指摘するより、さりげなくフォローする

だれかがハンカチなどを落として気づかなかったとき、あなたはどんな態度をとりますか？

① 見て見ぬフリをする
② 「落としてますよ」と指摘する
③ 「落ちましたよ」と拾って渡す

①の見て見ぬフリをする人は、さまざまなことにおいても「自分とは関係ない」という態度で、人と交わることをなんとなく拒否しているのではないでしょうか。

それをまわりの人も察して、話しかけられることは少ないはずです。

②の指摘してくれる人は親切ではありますが、少々、他人事。「自分でやってね」とい

う態度に、いくらか距離感を覚える人もいるでしょう。

③のように、さっと手を貸してくれる人は、日ごろから人が困っていたときフォローしたり、または困らないように「私ができることはしますよ」という姿勢です。

さりげなくフォローすることをためらわない人は、人のなかにすっと入っていける人であり、声をかけられることも多いはずです。

仕事でも、だれかが忙しそうなとき、「もっと効率的にやればいいのに」などと指摘するより（相手の成長のための指摘であれば別）、「電話は私がとりますよ」などとフォローしてくれる人のほうが、ほっとできます。手助けしてくれる人には、まわりの人もなにかあったときには助けようとするでしょう。

世間は「自分のことは自分でしましょう」という空気が大きくなりつつありますが、ちょっと手を貸すことはそれほどむずかしくありません。むしろ、小さな好意のほうが相手も気がラク。エレベーターのボタンを押してあげる、荷物をもってあげる、自分のことをするついでに人のこともしてあげるなど、まわりにちょっと目を向けることが、人のなかで生きていくマナーであり、やさしさだと思うのです。

29 「長い雑談」より「短い雑談」をちょこちょこする

時間がたっぷりあるとき、相手のことをよく理解したいときなどは、じっくりと話すことも必要ですが、ほとんどの雑談は、短くていい、いえ、短いほうがいいのです。

ブログを読んだり、動画を見たりするときも、それが長いものであれば、飛ばしてしまうことがありませんか。多くの人は、短いものをちょこちょこ見たいはずです。

雑談もそれと同じ。「この人との話は長くなりそうだ」と感じたら、いくらか身構えてしまうもの。**「ちょっとした会話ができる人」と思えば、また気軽に声をかけます。**

そのため、ちょっと話す人とは、会話の頻度が増え、結果的に量が増えるのです。

心理学で「人は、同じ人やモノに接する回数が増えるほど、それに対して好印象をもちやすくなる」という〝単純接触効果〟というものがあります。

すれ違いざまに「最近、忙しいですか？」「まぁまぁです。○○さんは？」「残業続きですが、なんとかやっています」「お互い体には気をつけましょうね。じゃあ、また！」……という程度のものでも、心がほっこりして、さわやかな余韻《よいん》が残ります。

単純に言葉のメッセージだけでなく、目線を合わせることや、声のトーン、笑顔などから「気にかけています」というメッセージを受け取って、意思疎通をしているからです。

雑談は、空気感や感情を一瞬だけ共有することに、大きな意味があるのです。

話を短くするためには、話の〝内容〟にこだわらないことが大事です。

雑談に、中身などいらないのです。「つまらない相手だと思われるのでは？」などと考えることはありません。話のオチや結論、アドバイスも必要ありません。

むしろ、天気や季節など、あまり中身のない話ができる相手こそ、顔を合わせるたびに「なにもなくても、ちょっと話しかけたい人」になります。

顔を合わせたら「雨になっちゃいましたね」などと適当に言い合ったり、「どうしてる？」とちょっと近況報告をし合ったりして、「じゃあ、また！」とサクッと切り上げましょう。そんな関係が、なにかと心強い関係になっていくのです。

第3章

「話しかけたくない」をなくすちょっとしたヒケツ

30 「話しかけないで」オーラを発していませんか？

ここまでは、「話しかけたくなる人」になるためのヒントをいくつか紹介しました。ところで、あなたはこんな経験がありませんか？

知らない人ばかりの集まりで、一人ぼっち。「だれか話しかけてくれないかぁ」「でも、だれも話しかけてこないなぁ」と思っていること。

私が自分自身のことで、ずいぶん昔の記憶にあるのは、ある趣味のサークルでのこと。何度か集まるうちに仲良くなっていったのですが、あとでこう言われたことがありました。

「最初、アリカワさんって、なんか声をかけづらい雰囲気だったなぁ」

自分では「仲良くしてー」と思っていたのに、知らず知らずのうちに「話しかけないで！」というオーラを発していたというのです。

いま考えると、最初のころの私は、「自分はまわりに溶け込めない」「声をかけてくれる人もいない」と、自分のことで精一杯。不安と緊張のあまり、つい無表情になって、待ち時間や休憩時間は手持ち無沙汰《ぶさた》に本を読むフリをしていたのでした。

そう。**人は「自分のことでいっぱい」という人には、声をかけづらいもの**です。

たとえば同僚と休憩室で一緒になったとき、スマホの画面を見ていたり、寝たふりをしたり……と、なにかをしている人には、わざわざ話しかけないでしょう。

「話しかけやすい人」というのは、〝自分〟のことはあまり考えていません。

〝自分〟ではなく、〝まわり〟に意識が向いている人です。

人に対して「心と体がひらいている」ともいえます。

リラックスした状態で、「どんな人がいるかな」「仲良くできそうな人はいないかな？」などと思っているので、会話のきっかけがつかみやすくなります。

顔を上げて、まわりを見渡すだけでも、声をかけられる確率はぐんと高まります。人がやってきたときや、となりの人が動いたときに軽く会釈するだけでも、「おつかれさま。今日は暑い（寒い）ですね」など、ちょっとした会話が生まれる可能性は大。

「まわりに意識が向けられる人」は、「話しかけやすい人」になるのです。

31
「自分からは話しかけない人」にならない

「話しかけたくない」と思われる人は、普段、自分からは話しかけない人でもあります。

たとえば、職場でわからないことがあっても、人に聞かず、自分で解決しようとしたり、パーティで自分から声をかけられず、手持ち無沙汰にスマホに目を落としていたり……とまわりに目を向けようとしません。

そんな人は、まわりから「そもそも、会話する気あるの？」「話したくないの？」と思われてもムリはないでしょう。

しかし、自分から話さなくても、本心は「楽しく会話したい」「仲良くなりたい」と思っているはず。

話しかけられると、「待ってました！」とばかりによくしゃべって、相手から「話しにくいと思ってたけど、意外に楽しい人だね」と思われることも多いものです。

自分から話しかけない人は、〝相手の反応〟が不安なのでしょう。「嫌な顔をされるのでは？」「冷たくされるのでは？」「下に見られるのでは？」とうまくいかない反応が……。「相手の反応は、相手の問題」と考えてはどうでしょう。

冷たい態度をとられても自分ではなく、相手の問題。大したことにはなりません。

初対面なら「こんにちは！　どちらからですか？」、よく会う人なら「おつかれさまです。今日は暑いですね」など、当たり障りのない第一声を決めておくと、声がかけやすくなります。職場なら「〇〇のファイル、どこにありますか？」など小さなことでも質問すると、お互いに声をかけやすい関係になります。

自分から話しかけるようになるには、場数を踏むことが大事。トレーニングと思って、気軽に声をかけましょう。

子どもの人見知りならまだしも、大人の人見知りは、コミュニケーションの努力を放棄していると思われかねないのです。

32 「なんだか怖そうな人」にならない

「話しかけたくない人」の筆頭にあげられるのが、「なんだか怖そうな人」でしょう。怒っていなくても「怒っている?」と誤解される人、「近寄りがたい」「冷たい」「なにを考えているかわからない」と言われる人も要注意かもしれません。

男性でも女性でも強面だったり、クールな顔立ちだったり、ファッションが威圧的だったりして、「見た目は怖そうだけど、じつはやさしい人」という人もいます。

そんな人は、ときどき無邪気に笑っていたり、謙虚で礼儀正しかったり、気さくに話したりしているので、だれもが「怖い人」とは思いません。

「怖い人」というのは、やはり、**外見だけではなく、キツいことを言う人、なにかと批判する人、イライラしている人、裏表のある人など、〝内面〟に攻撃性やわかりにくさとい**

った怖いものを感じるからでしょう。

「なんだか怖そうな人」にならないために、いますぐ簡単にできることは、「**表情を明るくすること**」「**言葉遣いを丁寧にすること**」。一見、強面な人、冷たそうな人でも、目があったときににっこりしたり、自分から話しかけて、ゆっくり丁寧に話したりすると、そのギャップがむしろ魅力になります。「たしかに、そうですね」「よくわかりますよ」など、相手に共感する言葉も、やさしさが感じられるでしょう。

表情と言葉は、内面を表しているので、逆に、どんなに童顔やかわいらしい服装でも、無表情で言葉遣いが悪いと、性格の悪い印象になります。

「怖そうな人」は、じつは自分が他人を怖がっていることを自覚する必要があるかもしれません。自分を守ろうとする気持ちが、壁をつくったり、へんな自己主張や攻撃的な態度になったりしてしまうのです。

「怖そうな人」よりも、「親しみのある人」「やさしい人」になりましょう。

〝人あたりのよさ〟は、人としての器の大きさも感じられるもの。断然、好感をもたれて、話しかけられやすい人になるはずです。

33 「相手が不快になるあいづち」は使わない

かつての職場で、連絡や報告をするたびに、眉間《みけん》に皺《しわ》を寄せて強い口調でいちいち、「はあーーーッ!?」と言う女性上司がいました。同僚の一人は、「『はあーーーッ!?』って言われるたび、ドキッとして心臓に悪いです。普通の業務連絡なのに、なにかマズいことでもあったのかと不安になります」

本人は悪気がなく、「なに?」という程度のあいづちなのでしょうが、だんだん不快になり、話しかけるのが怖くなったというのです。

このような口グセは稀でしょうが、じつは、**「相手が不快になるあいづち」は、自分では知らず知らずのうちに使っていることが多い**のです。たとえば……。

●「はい、はい、はい」「わかります」⇓適当な受け答えに感じる

●「なるほど」「なるほどですね」⇓年下から言われると、上から目線に感じる
●「マジ?」「ウソでしょ」「は?」⇓いちいち確認されるのが癇《かん》に障る
●「あらら……」「あちゃー」⇓恥ずかしい言い方が気になる
●「まぁ、いいじゃないですか」⇓勝手にまとめられると不愉快

口グセは、本人にはまったく自覚がないから厄介《やっかい》。まずは人と話しているとき、自分がどんな言葉で返しているか、客観的にチェックしてみるといいでしょう。

口グセというのは、口グセだから不快になる、ともいえます。

「そうですねー」という簡単なあいづちも、それだけでは不快にはなりませんが、どんな話に対しても一辺倒に「そうですねー」と返されると、適当に聞いているように感じられます。同じ口グセを繰り返されるのは、耳障りになるのです。

「そうですね」は、「そうなんですか?」「それはいいですね」「そうだったんですね」など、**声のトーンも含めて、バリエーションをもたせると、話も弾みます。**

あいづちがうまい人を真似てみるのも、いいトレーニングになります。

〝口グセ〟に気づきさえすれば、改善するのは、さほどむずかしくないはずです。

同世代だけで固まらない

34

「○○部長の親父ギャグに、ジェネレーションギャップを感じて疲れる」

「若い子たちは、仕事やプライベートの価値観が違うから、話がかみ合わない」

そんなふうに感じて、異世代を遠ざけ、同世代だけで固まってはいませんか？

さほど上下関係もなく、共通項をもった同世代とは、理解も共感もできて、話も盛り上がりやすいものです。単純にそのほうが心地いいから、群れるのでしょう。

しかし、同世代ばかりとつき合い、年上や年下に心を閉ざすのは、もったいない。異世代と話すと「目から鱗《うろこ》！」「そういう考えもあったか！」「自分の考えは凝《こ》り固まっていたかも」など刺激があり、**自分の世界が広がります。加えて、〝身になる〟ことも多い**のです。

私は、年上の人たちと交流していたおかげで、仕事のチャンスを与えてもらったり、住む家を提供してもらったり。年上にかわいがってもらった恩恵は計り知れません。

また、年下と話すと、そのエネルギーにこちらまで元気になったり、新しい情報や、解決方法を教えてもらったり。こちらも「なにか力になれる」というのは、それはそれでうれしいもの。相手のためにできることがあると、関係は深まります。

異世代と関わるためのひとつの方法は、異世代だからこそ、〝共通点〟を見つけることです。一見、異質な相手から、同質のものを発見すると、強い親しみを感じてうれしいもの。たとえば趣味や好きなこと、出身地が同じであれば、共有できる情報が多く、「それは知らなかった！」という情報も次々に出てきて、話が弾みます。

また、年上、年下に関係なく、それぞれに学ぶことはあるもの。健康やスポーツに詳しい人、料理がうまい人、ファッション、インテリアが好きな人など、得意分野や、経験者としての立場から、教えてもらうことがあるでしょう。

世代が違う人から「共通すること」「学ぶこと」「力になれること」を発見できると、話しかけやすくなります。どんな世代の人とも親しくできる人は、なにかと引き立ててもらい、多くの恩恵があることは間違いありません。

35 不機嫌そうにしない

不機嫌そうにしている人には、だれだって話しかけたくないもの。それどころか、近くにいるだけでも、こちらまでイライラしてきたり、「私、なにかした？」と不安になったり。同僚や家族が不機嫌であれば、「触らぬ神に祟《たた》りなし」でなるべく話しかけないようにしたり、ご機嫌をとろうとして疲れたりするかもしれません。

人の感情は、〝伝染〟するのです。

不機嫌な人は、大きく分けて二種類のタイプがいます。

イライラやクヨクヨなど、自分の感情を隠そうとしても、つい出てしまう人。そして、だれかに気づいてほしくて、わざと不機嫌にしている人です。

意外に後者タイプは多いもの。ムスッとしていたり、ドアをバンッと閉めたり、嫌味な言い方をしたり、舌打ちをしたり、ひどい場合は八つ当たりをしたりして、「機嫌が悪いことをわかって」とアピール。大人げないといえば、大人げない行為です。

不機嫌な空気を振りまくのは、罰せられない〝犯罪〟といってもいいでしょう。

こうした**不機嫌さや、感情の浮き沈みは、〝性格〟の問題と考えがちですが、〝意思〟の問題です。**

いつもご機嫌な人というのは、嫌なことがあっても、自分の心を穏やかで、明るい状態にもっていこうとします。「まぁ、いいか」「明るく考えよう」と嫌な気分を早めに手放して、いいことを見つけようとします。機嫌にムラがなく、まわりにも同じ態度で接するので「いつも機嫌がいい」という安心感があります。

だれもが**まわりの人に与えることのできる、もっとも最良のギフトは、まずは自分が〝ご機嫌でいようとすること〟**ではないでしょうか。

そんなギフトを気前よく与え続けている人は、まわりに笑顔が増えて、いいことが起こりやすくなるという好循環があります。残念ながら不機嫌な人は、人を遠ざけ、よくないことが起こりやすくなる、という目に見えない報いを受けるのです。

36 「壁をつくっている人」にならない

若い友人がこんなことを嘆いていたことがありました。

「よく壁がある、話しかけづらいって言われるんです。自分では仲良くなりたいのに、職場の輪に溶け込めず、気がつけば〝ぼっち〟のことが多くて……」

私もかつて、そんな状態だったので、その気持ち、よくわかります。みんながワイワイやっている話に入れなかったり、一人だけランチに誘われなかったり……。

かつての私も含めて、「壁をつくっている人」には、なんらかの原因があるものです。

たとえば、「自分のことを言わない」「丁寧すぎる敬語」「感情表現が乏しい」「テンションの高い人を醒《さ》めた目で見ている」……というように。

私の場合、**「まわりは、自分のことをさほど気にしていない」**と開き直ってから、人と

の関係がうまくいくようになりました。

壁をつくっているときは、「自分はどんなふうに思われているんだろう」「なにを話せばいいんだろう」「嫌われているんじゃ……」と〝自分〟に意識が向いていて、人と関わることへの〝恐怖心〟がありました。余計なことばかり考えていると、体中からマイナスオーラが漂って、話しかけたくない雰囲気をつくり出してしまいます。

「普通に接して、嫌われたらしょうがない」と考えると、気がラクになります。

意識を〝自分〟ではなく、〝まわりの人〟に向けて観察し、そのなかで自分のできることをしていけば、自然と人のなかに入っていけます。人の話を熱心に聞くこと、にこやかにあいさつすること、顔を合わせたときに「この前はありがとう」と伝えることなど、あたりまえのことを丁寧にするだけでも、お互いの心の壁は崩れていきます。

また、「つくり笑いをせず、表情は豊かに」「自分の意見はちゃんと伝える」「少しは弱音を吐いてもいい」など、**できるだけ素の自分で接しようとすると、肩の力を抜いて話せます。**特別なことをする必要はありません。

壁をつくりがちな人は、考えすぎず、できることを丁寧にやっていきましょう。

37 ダルそうな座り方をしない

「話しかけやすい人」「話しかけにくい人」のオーラに大きく影響しているのが〝姿勢〟です。自分では気づかないうちに、姿勢によって、人を寄せつけない雰囲気を漂わせている人がいるものです。

たとえば、商談などで名刺交換をして座ったとき、椅子の背もたれにふんぞり返っていたり、ひじ掛けにもたれかかったり、足を投げ出していたり……と、いかにもダルそうな姿勢の人は、威圧感があるもの。「なんとなく偉そう」「機嫌が悪いのかな」と、その時点で心の距離ができてしまいます。

後ろにふんぞり返るのも人を寄せつけない空気がありますが、逆に、背中をまるめていたり、机にぐたっとひじをついたりするのも、自分の世界に入っているように見えます。

休憩やエレベーターなどで一緒になったときも、うつむき加減で視線を合わせない人がいたら、「話しかけたら迷惑になるかな」と思うでしょう。

〝話しかけやすい姿勢〟にするヒケツは、椅子に深く腰掛けないことです。背もたれに寄りかからず、浅く座ろうとすると、簡単に背筋が伸びて、まっすぐ前を向いた姿勢になります。それだけで、相手を受け入れている雰囲気になるでしょう。

背筋がすっと伸びているのは、うつくしく、カッコよく見えるヒケツでもあります。どんなに高価な服を着ていても、だらしない姿勢では、台無しです。

また、単純なことですが、腕を組む、足を組むなど、体の前で手足を交差させる姿勢も、人をブロックしているような雰囲気があります。

自然に手先を合わせていたり、足をそろえていたりするほうが、きちんとしつつ、やわらかいオーラが漂います。

体の姿勢は、心の姿勢でもあります。まずは、**人と対面したときに、姿勢をまっすぐに正す**ことを心がけてみてください。

人によって態度を変えない

38

「うわっ、この人、相手によって態度が違わない？」という振る舞いを見たとき、もわっと嫌な気分になるものです。好きな人には愛想がいいのに、嫌いな人には冷たい態度とか、目上の人やお客さんには媚《こ》びて、目下の人に横柄《おうへい》というような。

そこまであからさまでなくても、自分が安心して話せる人に対する態度と、そうでない人への態度が、悪気なく違っていて、もったいない人もいるかもしれません。

自分では気づかぬうちに、人から「なんとなく自分だけ避けられている」「自分にはちょっと冷たい」などと思われていたら損。相手からもそんな態度をとられます。

「人によって態度を変えない」というのは、上司も後輩も家族も同じように接することではありません。八方美人になれということでもありません。

「態度が変わらない」という印象にするには、同じように丁寧に接すればいいのです。

「もしかして自分は態度を変えてしまっているかも……」と心配な人におすすめしたいのは、だれにでも自分からあいさつすること。「おはようございます！」「おつかれさま！」と、明るくさわやかなあいさつをするだけで、「態度が違う」という印象はなくなります。

とくに、苦手な人にこそ、丁寧に接したほうが、印象がいいだけでなく、自分もいい気分になり、苦手意識が薄れていくものです。

もうひとつ、気をつけてほしいのは、自分が年上、立場が上の場合ほど、謙虚な姿勢を心がけること。人間、自分よりも下だと思う相手には、つい強い言い方になったり、雑な態度をとったりする傾向があります。そんな傲慢な部分が見えると、人が離れていったり、嫌悪感をもたれて足をすくわれたりする原因になるのです。

人徳のある人はきまって「実るほど頭《こうべ》を垂れる稲穂かな」というように、謙虚であることを忘れず、まわりに感謝したり、学んだりしています。

謙虚であるのは、自分のため。成長していけることに加えて、人間関係を円滑にする処世術でもあるのです。

39 細かくチェックする人にならない

「女性の先輩で、『今日はおしゃれしてるけど、もしかしてデート？』とか『その服、いつ買ったの？』とか、いちいち服装チェックしてくる人がいて、鬱陶《うっとう》しい」と言った人がいました。そのため、目を合わせないように避けているとか。

「自分は人を細かくチェックする人ではない」という人も、知らず知らず、煙たがられる存在になってしまうことがあります。

【「他人をチェックしている」と思われる5つの行動】には次のようなものがあります。

- 服や持ち物などを細かくチェックする
- プライベートのことに首をつっこんでくる
- 「なにをしているの？」とやっていることを知りたがる

●重箱の隅をつつくようにミスを指摘する
●やる前から細かくアドバイスしてくる

あれこれ干渉されると、まるで監視されているように感じるかもしれません。

他人をチェックする人は、まったく悪気はなく、「仲良くしたいから」「親切心で言っているから」「みんなの気を引き締めたいから」など、相手のためによかれと思って口を出しているといいます。

しかし、**相手のためではなく、自分が気になるから、自分の存在を認めてほしいから干渉している**ことがほとんど。

「これは親切？　それとも余計なお世話？」と心配になったら、相手の〝目〟の反応を見るようにしましょう。

「そうですね」などと言いつつも、目が曇ったり、目が泳いでいたりすれば、〝余計なお世話〟です。「そうなんです！」「ありがとうございます！」と、目が輝いたり、しっかり目を合わせてくれたりすれば〝親切〟で、相手も歓迎しているということ。

口を出すだけでなく、そっとしておくのも相手のためであることをお忘れなく。

40

自分と他人に厳しい人にならない

現代は「自分に厳しく、他人にも厳しい人」が多いようです。職場でも家庭でも「〜すべき」と必要以上に自分を縛るのは、なにより自分がしんどいでしょう。

昔、知人の家に遊びに行ったときのこと。約束の時間に10分、遅れてしまい、申し訳なくて恐縮していると、「いいんですよ。私は必ず10分前に行くようにしていますが、人が遅れるのは大丈夫です」と微妙な言い方をされたことがありました。

素直に「自分には厳しく、他人にはやさしい人だ」と受け取ったものの、「自分は〜だ」というところに、「いや、ほんとは気分を害してませんか?」と心配になったのです。

人間というもの、自分に課している**〝マイルール〟を、知らず知らずのうちに人に求めてしまう**もの。余裕があるときは、人にやさしくできても、自分が一生懸命やっているときに、サボっている人を見ると、イラッとしてしまうものです。うまくいかないことがあると、「自分はちゃんとやっているのに」と相手を責めたくもなるでしょう。

自分に余裕がないと、人にはやさしくできないものです。

だからこそ、**自分にもやさしくなることが大事**なのです。

ストイックすぎる人、きっちりしすぎている人とずっと一緒にいると、疲れたり、気後れしたりしてしまうことがあるのは、そんなところからくるのかもしれません。

人が来るときに、「家でだらだら待っているから、適当な時間に来てね」と言ってくれる相手だと、気がラク。申し訳ないと思っているときに、「そんなの、気にすることじゃないでしょ」と一笑してくれる相手は、一緒にいて心地いいものです。

【自分にやさしくなるための3つのコツ】は……。

●「ここだけは」という部分を除いて、あとはハードルを下げる
●ダメな自分、怠《なま》けている自分を「こんなときがあってもいい」と許す
●できないことは正直に「むずかしい」と言って人に頼る

自分に対しても〝ゆるさ〟をもつことが、まわりをほっとさせる空気になるのです。

41 「批判ばかりする人」にならない

批判や愚痴を言いたくなる気持ちは、だれにでもあるでしょう。愚痴を言って、すっきりすることがあるのは、抑圧した鬱憤を晴らしてくれるからかもしれません。

批判や愚痴を言い合える相手は、心地いい存在ではありますが、いつもそればかりではだんだん疲れてきます。困った上司の悪口や、会社の愚痴を言うときも、最初は「そうだ、そうだ」と意気投合するものの、不満や憎しみの感情が大きくなると、重い気分になったり、消耗したりするのです。

だからといって、どんな状況でも愚痴がまったくない人も、本音を隠しているようで、「この人にはネガティブなことを言えない」と窮屈な印象があるかもしれません。

批判や愚痴は〝ほどほど〟であることが大事。「かわいく愚痴を言う人」「愛される批判の仕方を心得ている人」は共感ができて、親しくなりやすいものです。

相手も自分も不快にならないための【批判や愚痴を言うときのコツ】は……。

1 言いたいことの半分以下にして批判する 「批判ばかりしている」という印象の人は、言いたいことを全部吐き出そうとするから、しつこくなりがち。細かいところは割愛《かつあい》して、短時間でさっぱりと終わらせると、相手もまた聞こうという気持ちに。

2 明るい表情と口調で愚痴る 笑顔で「嫌になっちゃいますねー」と言っても、深刻な印象にはなりません。芝居のようにユーモアを交えて愚痴るのも、笑いを誘います。笑顔で愚痴を言う人のまわりには、人が集まりやすいのです。

3 特定の人を批判するときは〝部分的〟に〝私〟を主語に 「あの人は嫌」なら悪口になりますが、「言い方には気をつけてほしいなぁ」「あの判断はどうかと思う」など部分的に。「私は～と思う」という形で言うと、愚痴ではなく、意見になります。

4 ポジティブに締める 最後は「あの人にもいいところがあるんだけどね」とフォローしたり、「まぁ、がんばります!」と前向きに締めて終われば、さわやかな印象が残ります。

マナーをわきまえれば、批判や愚痴もプラスに働くことがあるのです。

42

「正論を振りかざす人」にならない

「正論＝道理にかなった正しい理論」とは、ぜったいに勝つことのできる鋭いナイフのようなもの。正論を振りかざして攻撃されると、ぐうの音《ね》も出なくなります。

たとえば、なにかの事情があって仕事が期限内に終わらないとき、「それはあなたの仕事」「終わらせるのがプロ」など正論で言われると、「おっしゃるとおり」と思いつつも、突き放された気分になります。

「それはたいへんでしたね」「じゃあ、どうしましょうかね」など同じ側に立ってもらえる人だと、いくらか救われるでしょう。

「自分はそんなに厳しい人間ではない」という人でも、正義感が強く、「いい、悪い」で白黒つけるクセがある人は、正論を振りかざす「融通の利かない人」「人の気持ちがわからない人」という印象になっている可能性があります。

「それはあたりまえ」「そういうルールですから」「普通は～ですよね」「一般的に言うと、～」といった言葉を使っている人は、要注意かもしれません。

言葉というのは、「自分をわかってくれる関係」「共感できる関係」だから、受け入れられるのです。**正論が届かないのは、相手に寄り添う気持ちがないから**です。

人と意見が対立したとき、議論をするときなど、まずは相手の話を聞いて、「その点はわかります」「そういうこともありますよね」など理解を示しましょう（賛同はしなくもいいです）。自分の意見を言うのはそれから。「普通は～ですよね」という言い方より、「私は～だと思います」と言うほうが、相手もすんなり受け入れやすいものです。

もうひとつ、正しいことほど控えめにさらりと言うこと。「嘘やズルはいけません」「ルールは守らなければいけません」といった正論はだれでもわかっていること。鬼の首をとったかのように強く言って相手を追い詰めるのは品格のない行為です。

人間ですから、正論、理屈どおりにいかないことも多々あります。「そういうこともある」と認められる人には、ほっとさせる空気があり、人も寄ってくるのです。

43
「すぐに他人にレッテルを貼る人」「決めつける人」にならない

「あなたは消極的だ」「あなたはやる気がないね」「あなたにはわからない」など勝手に決めつけられて、ムッとしたことはありませんか？

適当なイメージで、レッテルを貼られると「私のなにがわかるの？」「この人と話してもムダ」という気分になるかもしれません。

しかしながら、気をつけないと、自分も無意識にそうなっている可能性は大いにあるのです。面と向かって言わないまでも、「怖い人だ」「わからない人だ」などとつい〝色眼鏡〟で見てしまい、避けたり、話すことをあきらめたりしてしまいがちです。

そうならないためにも「いや、そんなことはないかも」と思い直すのが第一歩。安易に「〜な人だ」「〜にちがいない」と決めつける言葉を使わず、**「そんな部分もあるかも」「そ**

んな可能性もあるだろう」など、やわらかい言葉で表現するだけでも、心は柔軟になります。

せっかくなら人間がもつ無意識の「決めつけ」の効果をいい方向に活用しましょう。「あなたはやさしいですね」「あなたならできる」など、いい面や可能性を見るようにすると、相手も「自分を認めてくれる人」として好意的に接するようになります。

また、不思議なもので、よくも悪くも「〜な人」として扱うと、相手はそんな人として振る舞うようになるのです。「あなたがしっかりしているから助かる」「○○さんには癒される」など口にしていると、暗示にかかったように期待に応えてくれるのです。

人の性質は、一見、不都合な性質も、反対から見ると、都合のいい性質になります。「お節介な人⇒とても親切な人」「融通が利かない人⇒真面目な人」「優柔不断な人⇒思慮深い人」「よく考えていない人⇒感性で動く人」というように、プラスに言語化すると、気持ちもそれに後追いするのです。

決めつけや先入観など、**よくないレッテルをはがして、いいレッテルを貼ろうとする人は、人やものごとを愛のあるまなざしで見ようとする人**です。なにより自分がラク。人に恐れや不安を抱くことが少なくなり、話しかけられることが増えるはずです。

44 「素直でない人」「深読みをする人」にならない

人がほめても、「そんなことはありません」と素直に受け取ってくれない、親切にしても「なにかあったんですか?」などと深読みをする人は、少々面倒くさいものです。

素直に「ありがとうございます!」とよろこんでくれれば、気軽に話しかけられるのに。

「素直でない人」「深読みをする人」というのは、警戒心が強いのでしょう。

「無邪気によろこんでいたら、ひどい目に遭った」「なにか魂胆があって近づいてきた人がいた」という経験があるのかもしれません。「人からほめられたら、ほめ返さなくては」「親切にされたらお返しをしなくては」と、人の好意に落ち着かない人もいます。

しかし、好意のほとんどは「自分がやりたいから、やっている」のです。

ほめ言葉や親切に、素直になれない人の処方箋は、「自分がほめたり、親切にしたりしてみること」です。素直でない人は、自分からアクションをすることが少ないもの。やってみると素直に「ありがとう」と言ってもらえるのがいちばんうれしく、いちばんのマナーだとわかります。ほめられたら、「〇〇さんにほめられるなんて、うれしい！」とよろこぶ顔が、いちばんの〝お返し〟なのです。

また、「あのひと言はどういう意味？」「メールの返信が遅いけど？」「私にだけ態度が違う？」などの深読みも、人間関係をこじらせるもと。洞察力は武器にもなりますが、大抵は気にしすぎて、悪い方向にエスカレートするはずです。

深読みするクセがある人への処方箋は、「ま、いっかー」という〝おまじない〟です。相手の気持ちは確かめられず、なにかあれば言ってくるので、手放すにかぎります。「いまの態度、なに？」と思ったときも「ま、いっかー」、「ちょっと引っかかるんだけど」というときも「ま、いっかー」と、もやっとした気持ちを浄化させましょう。「ま、いっかー」とスルーできる人は、〝さらり〟とつき合える人です。

人間関係が悪化する原因の多くは、「気にしすぎ」「考えすぎ」からきています。〝こじらせ〟ではなく、〝さらり〟は、自分もまわりも心地よくするヒケツなのです。

45

「価値観を押しつける人」にならない

ある女性は、職場の先輩から「女性なんだから、もっとおしゃれをしなきゃ」「若いうちに結婚したほうがいい」などと言われ続けて困っているとか。

「おしゃれにも結婚にもまったく興味がない」と言ったところ、「そんなのおかしい！」「なんでわからないの？」と面倒なことになったため、できるだけ目を合わせないようにして、なにか言われたら「そうですねー」と適当に合わせているといいます。

こういう価値観の押しつけは、友人やパートナー、年下などに対して起こりがち。「〜したほうがいい」「そんなお金の使い方はダメ」「男（女）は〜すべき」など自分の価値観を押しつけて、知らず知らずのうちに煙たがられる人もいるかもしれません。

悪気があるわけではなく、相手のために「私のほうが正しいのに、どうしてわかってくれないの？」と思ってしまうのです。が、その正しさは思い込みというもの。

相手には相手の価値観があります。それを一致させようとすると、相手は自分を否定されたようで不快になるでしょう。「この人ならわかってくれる」と思われるような、話しやすい環境を整えてあげることが大切なのです。

まずは、**「人は人、自分は自分」で、それぞれの価値観があることを認めましょう。**「どちらが正しいか？」ではなく、「あなたもＯＫ。私もＯＫ」でいいのです。

「そういう価値観もあるよね」と見守ってくれる人には、安心するもの。自分と価値観が違っていても、「あなたなら大丈夫」と、相手の世界のなかでそっと背中を押してくれる人には、大きな信頼感をもち、なんでも話したくなるものです。

共通する問題を解決するときは、譲歩したり、折り合いをつけたりする必要もありますが、相手の話を聞くことから始めましょう。「自分のことを理解してくれた！」と思えば、あなたの意見に耳を傾けようという姿勢になります。

「今回は自分の意見を通したい」ということもあるので、普段から、戦うより相手を尊重して、味方になっているほうが得策なのです。

46 「会話が楽しくない人」にならない

会話をしていて、つまらなそうに見える人は、間違いなく話しかけられなくなります。顔に「あなたと話していても楽しくない」と大きく書いてあるようなものですから、「この人とは話が合わない」と思われて当然でしょう。

つまらないのは、〝受け身〟の姿勢だからなのではないでしょうか。

仲のいい人と話すときや、興味のあることを話すとき、会話が楽しいのは、〝積極的〟に会話に加わっているからです。どんな人とでも楽しそうに話している人は、自分から「会話を楽しめるようにしよう」「相手に楽しんでもらおう」としている人です。

会話を楽しむいちばんのコツは、相手に興味をもつこと。つまらなそうにしている人は、最初から「この人と話してもきっと話がかみ合わない」と判断しているのです。

どんな人も興味深い点があるもの。「もしかしたらおもしろい人なのでは？」「共通点や学ぶことがあるのでは？」と、相手の〝宝探し〟をする気持ちで話すといいでしょう。

たとえば、相手から不動産ビジネスの話をされて「興味がないし、詳しくないから、話についていけない」とあきらめてしまうと、話がうわの空になります。話題を変えるのもありですが、「不動産のどんな点がおもしろい？」「初心者が家を買うなら？」「ビジネス抜きで住みたい家は？」など、まずは興味がわく方向に質問して、耳を傾けましょう。

相手が話すのを、笑顔で「それは知りませんでした」「おもしろいですねー」と大きくリアクションしていると、楽しそうな印象になります。つまらなそうに見える人は、質問することもなく、表情もリアクションも乏しいのです。

家族や同僚など身近にいる人でも、リアクションが乏しいと会話は少なくなっていくでしょう。**「話しても無駄」とあきらめず、ちょこちょこ雑談しながら、一緒に笑ったりおもしろがったり、会話自体を気楽に楽しめばいい**だけです。

楽しそうに話す人は、話しやすく、あたたかい雰囲気があるので、どんな人にもモテます。まわりの笑顔が増えることで、無意識に自信も積み重なっていくはずです。

どんな人とでも
キズナをつくるコツ

第4章

47 キズナにおいて大切なのは、「いい影響を与えること」

顔を見ると声をかけたくなる人、ときどき話したくなる人というのは、なにかしらの〝キズナ（絆）〟がある人です。

〝キズナ〟とは、心のつながりのこと。単に血縁があるとか、同僚、同級生といったことで、キズナができるわけではありません。近くにいても、「話したくない」「話しにくい」という相手は、キズナがないからでしょう。

年齢や立場が離れていても、自然に声をかけたくなる人は、自分に「いい影響を与えてくれそうな人」ともいえます。

あなたと仲のいい人、信頼できる人などキズナのある人を思い出してみてください。

「あの人といるとほっとできて心地いい」「いざというときに頼りになる」「一緒にいると

成長させてもらえる」「話をじっくり聞いてもらえる」など、情緒的にいい影響を与えてくれる人ではないでしょうか。

「キズナをつくる」ということは、ポイントを貯めるように、そんなプラスの影響を貯めていくことなのです。

ほんのひと言、小さな行動でも、タイミングが合って相手に大きな影響を与えられれば、一気にポイントが貯まることもあります。初対面でも、いい影響を与えて「この人とはまた会いたい!」と思ってもらうこともできます。

ポイントが貯まるほど、相手はあなたのことを好きになって、なにかお返しをしたいと思います。たとえマイナスのポイントがあっても、大目に見ることができるでしょう。

第4章では、ちょっとしたキズナをつくるために、それほどがんばらなくても、効果が高い方法をご紹介します。

人間の本質的な幸せも、人とのキズナのなかから生まれてくるもの。声をかけ合う関係をつくることは、お互いにいい影響を与え合いながら、自分を生かしていくことにつながるのです。

「持ちつ持たれつ」がいい関係をつくる

48

人に頼ることが苦手な〝甘え下手〟な人はいませんか？

かつての私もそうでした。頼ることで相手に迷惑がられて嫌われてしまうのではと、苦手なことも、むずかしいことも、頑《かたく》なに一人で抱え込んでいました。

でも、じつはまったく逆。頼ることで、好きになってもらえると気づいたのです。

人は頼られると、うれしく、その気持ちに応えようとします。その人のためになにかをすることで、「労をかけるほど好きな相手」として頭にインプットされるのです。

〝甘え下手〟だった私が、気軽に頼みやすくなった【甘え上手になるコツ】は……。

1　小さなことを、ちょこちょこ頼る　頼ることは、相手を信頼して、心を開いているというメッセージ。〝信頼〟とは、信じて頼ることなのです。「ちょっと手伝って」「話、聞いてもらえる？」「教えてください」など頼ることが、好意のキャッチボールになり、信頼関係を築くことになります。「助けてくれる同僚」「相談できる友人」「教えてもらえる先輩」などの信頼関係は、頼っていくうちに、自然とできていくものです。

2　なにかしてもらったら、思いっきり感謝する　頼ることは「ありがとう」を言うための布石でもあります。感謝されると、「自分を認めてくれる相手」として、さらに好意をもちます。そのときだけでなく、「昨日はありがとうございました」「この前はほんとうに助かりました」と二回以上、感謝しましょう。「そんなによろこんでくれるなら、また力になろう」という気持ちになるものです。

3　自分からも、できることをする　頼るだけでなく、「それは私がやっておきます」「それなら任せて！」など積極的に引き受けることで、〝持ちつ持たれつ〟の関係に。双方向でいい影響を与えあう関係が、キズナになり、自分の居場所になるのです。

ただし、「すべてギブ&テイクで」というケチな損得勘定ではうまくいきません。「してもらったことは忘れない。してあげたことはさっぱり忘れる」という心構えでいたほうが、気軽に声をかけて頼んだり、頼まれたりする関係になるはずです。

「一緒にやろう」がキズナになる 49

なにかを一緒にやって、キズナが深まった経験はだれにでもあるでしょう。

遊びや勉強、部活動などをともにした、いわゆる「竹馬の友」は、長きにわたって続くもの。仕事でも、一緒にイベントをやり切ったり、一緒に目標を達成したりして、距離がぐっと近づくこともあります。パートナーとの関係も、ひとつでも共通の楽しみがあると続きやすいといいます。

同じことを体験する相手には、親近感や好感、情愛をもつものです。

「一緒にできること」に目を向ければ、どんな人とでもつながる機会は多く、互いに声をかけやすい関係が生まれます。

たとえば、だれかが健康のためにダイエットをするとき、「私もやりたかったので一緒に」と便乗すると、励まし合ったり、情報交換したりして、心強い存在になります。

ホームパーティをするときは、もてなす側とお客さんという関係ではなく、「せっかくなら、一緒につくりましょうよ」とわいわい料理をするとさらに楽しくなるはず。

ほかにも「お土産、一緒に食べましょう」「それ、自分も知りたいので、一緒に調べましょう」「一緒に行きましょう」など〝一緒に〟の機会は限りなくあります。

「コラボ（コラボレーション）する」とは、異なる立場の人が、共同作業をすること。字がきれいな人が、絵がうまい人に「挿絵を描いてもらえませんか？」と頼む、陶芸をする人が、お茶の先生に「一緒にお茶会をやりませんか？」と誘うなど、コラボすることで相乗効果があり、新たなキズナも生まれます。

無理に合わせるのではなく、日常の自然の流れのなかから「一緒にしませんか？」と声をかけることを意識してみましょう。

一緒になにかをすることで、仲間意識が芽生えます。**「人間関係をつくってから、一緒にしよう」と考えるのではなく、一緒になにかをすることで、人間関係ができていく**のです。

50 同じネタで笑い合う

先日、うんと年下の人と、ある漫画のネタで、お腹が痛くなるほど大笑いして、すっかり打ち解けたことがありました。それまで、仕事の堅苦しい話をしていたのに、笑い転げたあとは、プライベートなことをざっくばらんに話すようになったのです。

笑いほど、人と人の距離を一瞬にして縮めるものはないでしょう。一緒に笑い合える相手には心を開いて、気楽な気持ちで向き合えるようになるのです。

大笑いするようなネタでなくても、小さな失敗談や、身のまわりで起きた笑えるネタを披露するだけでも、ほっとできて、やわらかい空気になります。

「笑わしてやろう」と意気込むことはありません。「これって、おかしくないですか?」と、共感を求める程度でも、ほとんどはニコニコしながら聞いてもらえます。最初はツッコまれなくても、ウケなくても、そのうちだんだん「どの人に、どんなネタなら、笑ってもらえるのか？」という感覚が磨かれていきます。

仲のいい友人同士やカップルがよくやっているのは、「あれは笑ったよね」と、おもしろい思い出話を引っ張り出して笑い合うこと。これをやると、親密度が一層高まります。

「笑い話をするのが苦手」という人は、**日常生活のなかで見たもの、聞いたものなど、おもしろいネタに出合ったときに、すぐさま「これ、笑っちゃったんですけど……」と、だれかと共有する**といいでしょう。

私はおもしろいネタを見つけたら、「自分だけで笑うのは、もったいない。きっとあの人なら笑ってくれるはず」と、忘れないうちに、即、ＳＮＳで送ります。そんなふうに笑いを共有する相手とは、ほかの話もよくするようになるのです。

どうしても笑いのネタを見つけられない人は、だれかの笑い話に、大いに笑いましょう。

笑おうとする人には、話しかけやすいイメージがあって、人と出逢うチャンスも、仲良くなるチャンスも、圧倒的に多いのです。

すぐに共通点を見つける

51

初対面の相手でも、苦手だと思っていた相手でも、「犬を飼っている」とか「同じスポーツをやっていた」など共通点がわかって、急に話が弾むことがあります。

いうまでもなく、自分との共通点がある人には親近感が湧きます。共通のテーマがあるので、話しやすくなったり、相手への理解が深まったりします。

「なかなか共通点って見つけられないです」なんて言う人もいますが、**むずかしく考えることはありません**。**すごい共通点でなくてもいい**のです。

まわりを見渡せば、どんな相手でも共通点は無限に見つけられます。たとえば、見た目から「同性である」「髪が長い」「似た体型」「同じものを飲んでいる」など。

言葉を交わしてみると、「近い方言」「敬語で話す」「話すスピードが近い」など。

さらに話すと、「出身地が近い」「同業者」「趣味が同じ」「好きな食べものが同じ」……というように、いくらでも出てきます。なんだっていいのです。

共通点は、会話の〝呼び水〟みたいなものですから。

同じく赤いものを身に着けている人がいたら、「赤色って元気になれますよね」と共感したり、「私にとっては勝負色で……」と自己開示ができたり。住んでいる場所が近かったら、「駅の近くに、おいしいパンやさんがありますよね」と話をふくらませたり。

親近感をもって、楽しく話すことに意味があります。

海外に住んでいたとき、日本人だとわかると、現地の人が「親戚の子が日本に留学していた」「私も富士山に登りたい」「ピカチュウが好き」と、日本との共通点を探して、一生懸命話しかけてくれました。また、日本人をほとんど見ない場所で、同じ日本人に会って、しかも同郷だとわかると、「もはや奇跡！」とテンションが上がったものです。

大したことがない共通点でも、場所によっては強力なパワーをもつことがあります。

「それ、知ってます！」「それはうれしいですよね」「私もそう思います」なんてことも共通点になります。**大事なのは、なにかしら接点を見つけようとする気持ち**なのです。

52 「次」につながることを見つける

「この人とまた会いたい」「この人とのキズナは失いたくない」と思ったら、次に会ったり連絡したりするための理由を見つけて、提案してみましょう。

たとえば、自分の馴《な》染《じ》みのある場所に旅行する人がいたら、「おすすめスポット、あとでメールしますね」とか、何人かで食事をしたら、「次の集まりでは、〜の料理を食べませんか？」とか。

先日は、初対面の人とラーメンの話になって、その人から「あのラーメン店の店長は知り合いなので、お連れしますよ」と言われたことがありました。

「また、ゴハン行きましょう」では、社交辞令で終わることが多いものですが、**具体的に言われると、現実味を帯びて「それは実現させましょう！」となるもの**です。

そんな小さな約束は、会うための〝口実〟なのですが、キズナをつくるためには、そんな表向きの理由が必要なことがあるのです。

とくに、つき合いの短い人であれば、会うことや連絡を怠《おこた》っていると、せっかくつながっても、すぐに切れてしまうでしょう。

そう、キズナは放置してできるものではなく、心をかけたり、手をかけたりする〝メンテナンス〟が必要なのです。

私は年に数回、田舎の集落に、そこの高齢者たちと交流するために通っています。帰るとき、「次は、田植えの時期に来ますね」「次は、新米のおにぎりを田んぼで食べたいなー」などと言っていると、「そろそろおいでよ」と連絡があります。

次の楽しみをつくっておくと、自分の心のなかだけでなく、相手の心のなかにもするっと入れて、気にかけてもらえます。

キズナというのは、「その人が心のなかにいる」ということかもしれません。

そんなキズナに〝次の楽しみ〟をもつだけで、人はきっと強く、前向きになれるのです。

「お願い」より「相談」する

53

人と打ち解けるのが苦手、〝キズナ〟と呼べるような親しい間柄になるのが苦手という人におすすめしたいのは、「相談すること」です。お願いしたいことがあるときも、あえて「困っています」という〝相談〟にしてしまうのです。

たとえば、上司に「仕事を減らしてほしい」と頼むより、「家庭の事情で定時に帰りたいが、仕事が終わらなくて……」と相談したほうが、親身になってくれるでしょう。

友人に「引越しを手伝ってほしいけど、ムリかな？」というときも、お願いではなく、「終わる気がしないんだけど」と窮状を説明すれば、「手伝おうか？」となったり、「手伝えないけど、こんな方法もあるよ」とアドバイスをもらえたりします。

〝お願い〟は、一方的な押しつけで対峙《たいじ》する関係ですが、〝相談〟は一緒に考えてもらえ

る味方のような関係。立ち位置がまるで違うのです。

人の心理として、相談に乗ると親近感が湧くようになっています。自分に心を開いて頼ってくれている相手には、「話を聞かねば」「守ってあげなければ」となるのです。

また、相談のほとんどは、「相手になにかしてほしい」ではなく、「ただ話を聞いてほしい」「自分でなんとかするけど、アドバイスや意見がほしい」というものです。

私はラジオのテレフォン人生相談をよく聞くのですが、それもそのひとつでしょう。「嫁姑問題で悩んでいて……」「パートナーが浮気をして……」「リストラされて……」といった他人の悩みに、人生の師たちが賢明で愛情のある助言をするのは、痛快なほど。

ラジオでなくても、身のまわりに「この人ならどう考えるだろう」と話したくなる人がいるはずです。私も、そんな人が、悩みのジャンルごとに何人かいます。

生活や人生の問題をすべて自分で解決するのは、限界があります。**相談して心が軽くなるのは、重い荷物を少しだけもってもらえる感覚があるから**でしょう。そして、だれかに知恵を借りたり、見守ってもらえたりすることが、キズナになっていきます。

相談して、感謝して、経過を報告して、自分の人生に関わってもらいましょう。

54 夢や目標をオープンにしておく

本気で叶えたい夢や目標があるなら、自分のなかだけにしまっておくのではなく、まわりにオープンにしてみませんか。

「こんなことがしたい」「いつかこうなりたい」と言っておくと、「こんな方法もあるよ」と助言してくれたり、「こんなこと、やってみない？」と手を差し伸べたりしてくれる人が現れるからです。

そんな道を開いてくれる人のことを台湾では〝貴人〟と呼びます。

私はまわりに「なんとしても物書きになりたい」「台湾に住みたい」「〇〇さんに会いたい」といったことを話して、それが次々に現実になっていきました。

自分の力だけで実現したことはひとつもありません。思わぬところから、だれかが「やってみる?」「この人に会ってみる?」とチャンスを与えてくれたからです。

そして、その副産物として、ありがたい〝貴人〟との強いキズナが生まれます。

ただし、「夢や目標を伝える相手」は選んだほうがいいでしょう。「そんなにうまくいくはずがない。やめておいたほうがいい」という人も一定数はいますから。

応援してくれそうな人、行きたい先にいる人、成長をよろこんでくれる人たちに「じつは、〜したいんです」と言っておくと、どこからかひょっこり芽が出て、花が咲くことになります。

「自分には手を差し伸べてくれる〝貴人〟なんていない」と思っていませんか?

〝貴人〟とは、もともといるわけではなく、まずは「私はこうしたい」と言わなきゃ始まらない。そして、自分でも模索したり、なにかしら努力したりしていて、その様子を見た人が「なんとかしてあげたい」と、〝貴人〟になるのです。

人の運が開けるかどうかは、その人の努力よりも、出逢う人によって決まるものかもしれません。だから、普段からまわりの人を大切にして、自分の夢や目標をわかっておいてもらいましょう。

積極的に人の幸せに貢献する

55

ちょっとした親切を気軽に、楽しそうにやっている友人がいます。

「これ、必要じゃないかと思って」とちょうどほしかったものをもってくる。「これ、きっとためになるはず」とSNSで情報を発信する。国内外からだれかが来るたびに案内してくれる。病に伏せっている人がいたら、食料を買ってくる……というように。

彼女がよく言うのは「自分の視界にいる人は、みんな幸せでいてほしい」ということ。

そんな彼女に恩義を感じている人は多く、彼女がなにかしようとすると、助けてくれる人が次々に現れるのです。


「自分のできることをちょっとする」という習慣がある人は、声をかけられることも多く、自然と強いキズナができていきます。

現代では、あまり人と関わらないほうが気楽で、「自分のことだけやればいい」「自分さえよければ……」となりがちです。

しかし、人のためになにもしない人は、当然のことながら、人からも声がかからず、助けてくれる人もいなくなるでしょう。

あなたの隣人たちに目を向けてみてください。

そこには、「ちょっとだけ人を幸せにできること」があるはずです。

小さなことでいいのです。笑顔であいさつをする。悩んでいる人の話を聞く。困っている人を手助けする……。自分の得意なことで貢献できることがあるかもしれません。離れている家族がいれば、会いに行く、連絡をするだけでよろこんでくれるでしょう。

誤解を恐れずにいうと、人生のゲームは、「よろこばせごっこ」ではないかと思うのです。仕事でもプライベートでも人をよろこばせるたびにパワーをつけて、なにかを手に入れていく。**だれかのために生きることで強くなり、成長もする**のです。

それに、人の幸せを、自分の幸せにできたら、人生は何倍も、何十倍もゆたかになります。ほんとうの幸せとは、キズナのなかにあるのではないでしょうか。

56 どんな場所でも、どんな立場でも、声をかけ合う関係になれる

私たちは、仕事でもプライベートでも、なにかのグループに身を置きながら生きています。

たとえば私は、家族や親戚、仕事仲間、ご近所グループ、友人グループ、海外在住のコミュニティなどがあります。

「顔を見ると、話しかけたくなる人」というのは、そんなグループのなかで、心地いい関係を築いている人です。

人間同士の一対一の関係は、〝一本のクモの糸〟で、グループは、その糸がつながり合っている〝クモの巣〟のようなものと考えるといいでしょう。

なにかあると、プッツリと切れてしまう一対一の関係に比べて、グループの関係は切れ

にくく、長続きしやすい反面、浮いてしまうと、孤立状態になることもあります。

信頼関係でつながった小さな〝キズナ〟があれば、そこにいるだけで安心したり、なにかと心強かったり。グループに加わっていることで、ワクワク楽しい気分になったりと、毎日の生活に充足感をもたらして、生きる原動力にもなるでしょう。

自分にとっての心地いい関係にするには、日々、ちょっとした会話をしたり、笑い合ったり、助け合ったり……という小さなことの積み重ねが大事です。

ここでは、「職場」「趣味のサークル」「同級生」「初めてのパーティ」と場面ごとに、キズナをつくるための、すぐに実践できる方法をご紹介します。

それぞれ、グループの目的や、そこにいる人たちの性質が違うため、つながり方も違います。

そこにいる人たちがどんな価値観や個性の人でも、あなたの接し方ひとつで、その輪のなかにするりと入り、声をかけやすい存在になるのです。

どんな関係であっても、人生のなかで出逢えるのは、縁のある人です。

効果的なつながり方で、小さなキズナをつくっていきましょう。

いますぐ実践！　キズナに効くアクション

こまめに声をかける

（職場）

職場の空気を明るく、風通しのいいものにするために、いますぐ簡単にできることは、「こまめに声をかける」ことです。

それぞれが黙々と自分の仕事をしていて、まわりに目を向ける余裕がなかったり、ピリピリした空気があったりする職場は、声かけが少ないもの。なかには、「用事もないのに、声をかける必要はない」と思っている人もいるかもしれません。

しかし、声かけは、とても大事な〝コミュニケーション〟なのです。あたたかい声かけひとつで、相手は「気にかけてもらっている」「つながっている」と実感します。

なにもなくても、気軽に「仕事、進んでますか？」「お腹すきませんか？」などと声をかければいいのですが、それができない人は、ちょっとしたタイミングにあえてひと言、声をかけるといいでしょう。**言葉を発することが大事**なのです。

たとえば、席を離れるときは、黙ってどこかに行くのではなく、「休憩入りまーす」「資料を取ってきますね」と声をかける。荷物をもって後ろを通るときは、「後ろ通りますよー」と声をかけて通るなど、なにか行動するときに、あえて伝えるのです。

また、お土産をもらったときは、全員に「○○さんからのお菓子があるので、食べてくださーい」。コンビニに行くときは、「なにか買ってくるものはありませんか?」。だれかが出かけるときは「いってらっしゃい。お気をつけて!」など、なんでもいいのです。

声かけで参考にしたいのは、「飴ちゃん、いる?」と飴玉を差し出す大阪のおばちゃん。飴玉やチョコなどを「はい、どうぞ」と配るのも、あたたかい声かけになります。

まわりから信頼されているリーダーは、あちこちで、にこにこしながら「調子はどう?」「今日も元気だねー」「そのバッグ、いいね」など声をかけています。

大阪のおばちゃんか、社長になったつもりで、あえてひと言、声かけをしてみませんか?

いますぐ実践！　キズナに効くアクション

年上を尊重して、頼る

（職場）

グループのなかでも「職場の人間関係」は、毎日のように顔を合わせるので、よくない面が出てきやすく、悩みが尽きないもの。とくに上司やベテラン社員など、年上の人は、グループにとって大きな影響を及ぼします。

「上司から睨《にら》まれて、ほかの同僚も冷たくなったような気がする」「ベテラン社員と仲良くできなくて、疎外感を感じる」という人もいるかもしれません。

反対に、年上にかわいがられたり、一目置かれたりすれば、なにかと力になってもらえて仕事も進めやすく、孤立しそうなときでも味方になってもらえます。

そもそも職場の人たちは、同じ目的をもった〝同志〟のようなもの。**年上とつき合うヒケツは、「怖がらない」「戦わない」「比べない」という気持ちをベースにもって、「尊重し**

て、頼る」に尽きます。

年上と仲良くなりやすい人に共通するのは、どんな相手でも（たとえダメな相手でも）「頼れる先輩（上司）」として、するりと相手の懐《ふところ》に入ってしまうこと。

物おじせずに、わからないことを聞いたり、相談したり、頼ったりするので、いつの間にか相手に「かわいいヤツ」と思わせてしまう。加えて礼儀をわきまえているので、相手は安心して、懐に招き入れてくれるのです。

まずは、「おはようございます」「ありがとうございます」「ごめんなさい」の3つをちゃんと言うことがその一歩。自分から積極的にあいさつ、お礼、謝罪をすれば、悪いことにはなりません。

間違いを指摘されたときも、懐に入るのがうまい人は「あ、ほんとですね。ありがとうございます！」とさらりと言います。年上と仲良くなれない人は、「いや、だって……」と言い訳をしたり、しょげたり、むくれたり。相手を怖がっている証拠です。

年上からかわいがられる存在になると、グループの空気も変わり、心地よさはまるで変わってくるはずです。

いますぐ実践！　キズナに効くアクション

職場

「言うのはここまで」という線引きをする

〝パーソナルスペース〟とは、物理的な距離だけではなく、自分と相手との心の距離感のこと。遠すぎると、相手のことがよくわからず、近すぎると、「あまり入り込んでほしくない」と不快な気持ちになります。

心地いいパーソナルスペースを保つには、**「言うのはここまで」というラインを引くこと**です。あなたは余計なことをしゃべって、後悔した経験はないでしょうか。

私は何度かあります。ある職場では、年上の同僚に、過去の残念な恋愛話をしたところ、翌日には全員が知っているハメに。しかも、伝言ゲームのように話に尾ひれがついていて、みんなから軽蔑の目を向けられているように感じたものです。

余計なことまで話してしまうのは、「場をもたせたい」「話を盛り上げたい」というサービス精神や、「仲良くなりたい」といった気持ちもあります。

しかし、家庭のいざこざから黒歴史、高価な買い物をしたことまで、なんでも話してしまうと、起こらなかったはずの摩擦《まさつ》が高い確率で起きます。嫉妬や嫌悪感をもたれたり、なにかと介入されたり、トラブルになったり……と、お互いのためによくありません。

言うことのラインを引くのは、相手に対する思いやりであり、マナーなのです。

「言うのはここまで」のラインを引くためには、次のような〝自分ルール〟をもつことです。

●「お金」「恋愛」「家庭の事情」など、話さないことを決めておく

●「ここだけの話」をしない。全員に知られてもOKのことだけ話す

●できるだけゆっくり話して、迷ったら引っ込める

とくに、焦っているときには、判断力がにぶって、ついペラペラと口がすべってしまうもの。ゆっくり話すと、冷静に「ん？　これって言うべきこと？」と危険察知センサーが働きます。

自分とまわりを大切にするために、つかず離れずのパーソナルスペースを大事にしましょう。

いますぐ実践！　キズナに効くアクション

断るときは、配慮して伝える

職場

職場で、人間関係にヒビが入るからと、断れない人がいるようですが、断れないと、逆に、人間関係がうまくいかなくなります。

押しつけられる仕事や、気が向かない飲み会など、無理して引き受けていると、相手のことが恨めしく思えて、だんだん態度に出るようになります。

断るからではなく、無理をするから、人間関係にヒビが入るのです。

ただし、「NO」を言うときは、伝え方が重要です。たとえば、仕事を頼まれたとき、「ムリです」「嫌です」では、相手は拒絶されたようで、こちらの仕事も手伝ってくれなくなるでしょう。相手に寄り添おうとする気持ちが必要なのです。

相手を受け入れつつ、「NO」を言う**【角が立たない「断り方」】**をご紹介します。

1 「やりたくない」ではなく、「やりたくても、やれない」と言う たとえやりたくないことでも、「気持ちには応えたい」と示すのが大人の断り方です。

最初に「あぁ、残念〜」「○○さんの頼みなら、お引き受けしたいのですが」「やりたいのは山々ですけど」と軽く悔しがりましょう。そのあとに「やることが山積みで」「いま、余裕がなくて」など、自分の都合を言っても、まるい言い方になります。

2 代替案を提示する 「今日はできないけど来週ならできます」「飲み会は行けないけど、ランチならよろこんで」など、「○○なら」を伝えると、気持ちに応えたいメッセージに。すべて断りたいときは、相手が「それはこっちが無理」となる代替案を。

3 条件つきで引き受ける 100％断るのではなく、「この部分はできますよ」「1時間だけでも参加させて」という言い方だと、「できない」を言わずに済みます。

とくに相手が困っているときは、少しでも引き受けたい気持ちを示しましょう。

言い方さえ気をつければ、角は立ちません。気楽に断れる関係だからこそ、キズナは深まるのです。そのためには、引き受けられるところは、応える姿勢も必要。

お互いに声をかけ合って、引き受けたり、断ったりできる関係を目指しましょう。

いますぐ実践！　キズナに効くアクション

会話に入れない人がいたら、助け船を出す

趣味のサークル

「趣味のサークル」で、強いキズナが生まれることは意外に多いものです。

年代や職業がバラバラで、お互い知らない部分があっても、好きなことが一緒なので、仲良くなりやすいもの。利害関係や上下関係がないからこそ、冷静に見つめて、違う立場からの意見を言ってもらえたり、力になってもらえたりします。

何年も同じヨガ教室に通っている友人は、そこでのおしゃべりが心の癒し。だれかが病気のときはお見舞いに行ったり、だれかが結婚するときは、みんなで出しものをしたりするほどの結束力になっているとか。

そんな趣味のサークルで、キズナを深めていくための小さなアクションをご紹介します。

まず、だれでも簡単にできるのは、「会話に入れない人がいたら、助け船を出すこと」。

どんなグループでも輪に入れない人はいるものですが、趣味のサークルはとくに、古株や新入りがいたり、年代や性別が違う人がいたりして、そうなりがち。

あまり話さない人がいたら、「〇〇さんはどう思いますか？」「〇〇さんは詳しいんじゃないですか？」など話を振ってみましょう。

バラエティ番組で、司会者がひな壇に並んだゲストに、「〇〇さんはどう？」と振るのと同じ要領です。

自分からしゃべりまくる人もいれば、振られないと話さない人もいるのは事実。普段はおとなしい人が、話を振られると、饒舌《じょうぜつ》にしゃべり出す……ということはよくあること。「相手がしゃべりやすそうな話題」を振るのもコツでしょう。

また、**内容がわからず会話に参加できない人がいたら、「いま、こんな話をしているところ」「前にこんなことがあってね」など、補足や説明をしてあげる**のも有効です。

みんなが話しやすくなることで、結束力は高まります。〝小さな助け船〟の積み重ねが、いい空気をつくり、グループの〝大きな助け船〟になることもあるのです。

いますぐ実践！　キズナに効くアクション

意外な自分を披露する

趣味のサークル

趣味のサークルなど、あまり知らない人のなかで、ときどき、やたらと積極的に自己アピールする人がいますが、多くは「すごいですねー」と言いつつも冷《さ》めた反応か、場合によっては引かれることもあります。押しつけの自己アピールは響かないのです。

そこで**おすすめしたいのは、ふとしたときに「意外な一面」を見せること**です。

「え？　そんな人だったの？」という〝ギャップ〟を感じたときに、相手に興味をもったり、好感度がアップしたりするのです。

「チャラチャラした印象の女性が、じつはお嬢様育ちだった」「おとなしいと思っていた男性が、ロックバンドのボーカルをやっていた」というようなギャップです。

この心理効果は、前に抱いていた印象と、後に抱く印象にギャップがあったときに、後の印象がより強調されて、相手の心に強いインパクトを残すというもの。

同性にも異性にもモテる人というのは、〝ギャップ〟があるものです。

「でも、自分のギャップってなに？」と思っている人もいるのでは？

ご心配なく。どんな人でも、「こう見えてじつは……」という意外性があるのです。

【〝意外な自分〟の見せ方のポイント】を知って、効果的に印象づけてください。

1　自分のキャラと反対の一面を見せる

まずは「自分はどんなイメージで見られているか？」客観的に見てみましょう。そのキャラと反対の面を、話の流れやふとしたときに、さらりと披露するのです。真面目そうな印象の人は、ちょっとした冗談を言う、消極的に見える人は、過去の大胆なエピソードを披露する、現代的なイメージの人は、じつは田舎育ちで古風なものが好きな話をする……というように。

2　「プラスの意外性」であることが大事

「大らかそうに見えて、意外に怒りっぽい」「しっかりしてそうで、だらしない面もある」などマイナス面を見せるのは逆効果。反対にプラス面のなかでも「〜が好き」「〜が得意」「〜に詳しい」など、まわりの役に立てそうなこと、話題が広がりそうなことは、ちらちらと出していきましょう。

いますぐ実践！　キズナに効くアクション

年下にも「すごい」「教えて」と声をかけてみる

趣味のサークル

私たちは、自分より経験や知恵のある「年上」から教えてもらい、「年下」には教えるものだという刷り込みが、心のどこかにあるのかもしれません。

職場では後輩に「できない」「わからない」が、プライドが邪魔して言えなかったり、「最近の若者は……」といったことを上から目線で言ったりします。

しかし、それは頭がカチコチになっている証拠。自分が「正しい」「普通」と思っていることが、いまの時代では〝化石〟になっているかもしれません。年を重ねるほど、あえて「教えてもらう側」に回らないと、学ぶことがどんどん下手になっていきます。

趣味のサークルは、どんな年代もフラットにつき合える関係。年下から学ぶ絶好の機会です。年下の人も自分が役に立つことをうれしく感じるはず。こちらが力になれる点は教えたり、年下から教えてもらったりで、年齢を超えた〝友人〟になれるのです。

「自分がもっていないものは、どんなことでも学ぼう」という姿勢で、「それ、すごいね」「教えて」と声をかけてみましょう。

「服のセンスがいいね。ぜひアドバイスしてほしい！」「写真の加工がうまい！　どんなアプリ使ってるの？」「グルメ情報に詳しいね。おすすめのお店、教えて」「その言葉、どんな意味？」など、学べることはいくらでもあります。

価値観や考え方や感性も、興味をもって学ぼうとするかどうかで、相手との関係性は変わってきます。たとえば、「お金はそこそこでいい」という若者がいたとして、学ぼうという姿勢がない人は「甘い。お金は大事だよ」と説教しそうです。

学ぼうとする気持ちがあり、心が柔軟な人は「それもあり。お金がなくても楽しめることは？」「どんな生き方がしたい？」と、好意的なまなざしで相手を尊重します。

なにより、**年下の人たちと、話すのは単純に楽しい。**そのエネルギーに感化されて、こちらまでワクワクしたり、「自分もがんばろう！」と元気をもらったりします。

お互いにポジティブな影響を与え合う関係は、強いキズナになるのです。

いますぐ実践！ キズナに効くアクション

年上には小さな相談ごとをする

趣味のサークル

相談ごとや本音は、利害関係のない相手だから気楽に話せる、ということがあります。たとえば、居酒屋のカウンターで、そこの店主やほかのお客さんと話すうちに、人生相談になっていたり、タクシーの運転手さんに、ぽろっと本音を言ったり。

職場や家庭、友人など普段関わっている人には、「どう思われるか？」「どうせこう言われるだろう」などとあれこれ考えて、なかなか言えないこともあります。

その点、趣味のサークルは、出たり入ったりがわりと自由にできて、ひとりの人間としてつき合えるので、「ちょっと話を聞いて」「ちょっと意見を聞かせて」が言いやすいもの。**相談される側も、利害関係がないから、気楽に、自由に応えられる**のです。

とくに、年上の人は「年の功」で、こころよく相談に乗ってくれるでしょう。

「職場に苦手な人がいて……」「上司の結婚式にいくら包めばいい?」「子どもの学費ってどれくらいかかる?」などの悩みも、経験者として意見を聞かせてもらえます。

「仕事がつまらなくて……」「一人暮らしをしようか迷っていて……」「婚活するべきか……」といった人生相談も、客観的かつ、深刻にならずに答えてもらえます。

気持ちを聞いてもらってすっきりしたり、思わぬ解決策が見つかったり、「そんなにむずかしく考えなくてもいいか」と気づかされたりするのです。

相談することで、「先日はアドバイスありがとうございました! うまくいきましたよ」「〇〇さんが言っていたとおりでした」など、話す機会も多くなります。

友人が開いている料理教室は、料理を作ったり食べたりしながら、普段、思っていることや悩みをシェアする場になっているとか。

友人は、「料理教室は名目で、ほんとうの目的は、みんなが話せる場所をつくること。そこで自分を解放できたら、職場でも、家庭でも元気にがんばれる!」と言います。

仕事でも、家庭でもない「サードプレイス(第三の場所)」で相談し合えるようなキズナができたら、心の余裕ももてるようになるのです。

昔の「印象」「物語」をきっかけに話しかけてみる

（同級生）

「同級生」というのは、なんだかんだあっても、つき合いが続いていくものです。仕事や家庭で職場や住む場所が変わっても、連絡をとり合ったり、同窓会で会ったり。忙しい時期は会えなくても、余裕ができると、また会うようになったり。

幼少期や青春期などの時代を一緒に過ごしてきた人は、親しみや安心感があって、すぐに打ち解けられるのです。

そんな人たちと**キズナを深めるためのひとつのきっかけは、昔の「印象」を伝えること**。当時、その人に対して、「どう思っていたか？」という気持ちです。

たとえば、「〇〇くんはウサギ小屋の掃除を一生懸命していたから、ひそかに尊敬していた」「いつも本読んでいたよね」「男女からモテて、うらやましかった」「ほんとうはもっと仲良くなりたかった」など伝えることで会話はスムーズになります。

相手からみると、そんな時代の自分のことを話してくれるなんて、すごくうれしいこと。じーんと心があたたまって、「そんなこと言ってくれるのって、同級生しかいないね！」という気持ちになります。

もうひとつは、**当時の「物語」を話す**こと。いわゆる思い出話のなかでも、「ふと思い出したんだけど」という新ネタは、些細なことでも「そうそう！　だったね〜」と盛り上がるもの。「部活動の帰り、お腹が空いてよく駅でパンを食べた」「宿題はみんな○○くんの答えを写していた」「クラスマッチで負けたときは、みんなで大泣きした」などと話すときの顔はみんな童心に帰っています。

私は、30年ぶりに会った同級生に「小学生のときもエッセイを書いてたよね。子どもでエッセイ書いている人、そのとき初めて見た」と言われたことがあります。

自分でも忘れていたことを思い出して、好きなことは昔もいまも変わらないものだとしみじみ。と同時に、自分の歴史を知る同級生ってありがたいと思えたのです。

かつての「印象」と「物語」をきっかけに、キズナを深めていきましょう。

カーストは見えないフリをする

（同級生）

同級生は、長きにわたって、それぞれの人生を見ることのできる貴重な存在ですが、気をつけるべき点もあります。

同学年で対等な関係のはずなのに、「あの人は〝上〟で、あの人は〝下〟」という〝スクールカースト〟というべき序列が、共通認識としてあったりするのです。

そもそも学校という場所は、なにかと比べられる場所です。

当時も、頭がいい、見た目がいい、運動ができる、学級委員、不良グループのリーダーなど目立つ存在は、カースト上位で、成績や見た目が地味な人は下位で、いじめられっこや、孤立した人は底辺（あくまでもイメージです）……といったカーストが、いくらかはあったのではないでしょうか。

卒業して長い時間が経っても、関係性をある程度引きずるのは、いたしかたありません。が、しかし、「学生時代の感覚で、いじられるのがイヤ」「いわゆる〝勝ち組〟に敗北感を感じるから会いたくない」などネガティブにとらえると、気持ちは離れてしまいます。

この序列、見えない空気のようなものなので、「カーストなどない」ということにして、それぞれの人生のドラマをおもしろがるように一歩引いて見るといいでしょう。

違う目線になって、あたたかい気持ちで見ることもできます。たとえば……。

●親戚のおじさん、おばさんのような目で、「立派になった！」と称賛する
●「イケてる人」は、劣等感を覚える存在ではなく、対外的な「自慢の同級生」にする
●カーストを感じさせる言動には、「学生時代ごっこで戯《たわむ》れている」と考える
●どうしても比較してしまうなら、「よきライバル」として見る
●いっそのこと、現在の同級生の姿を見て、「自分を見つめる場所」にする

同級生のキズナを大事にしたいなら、「人は人、自分は自分」「それぞれの生き方がある」と考え、大人としてつき合うことが大切です。

いますぐ実践！ キズナに効くアクション

「自己アピール」ではなく、「近況報告」を心がける

（同級生）

前項でも述べたように、同級生はなにかと比較してしまう存在。「○○（大企業）で働いていて〜」「毎年GWは海外に行ってて〜」「最近、結婚して〜、相手は〜」といった近況報告が、自慢っぽく聞こえることもあるかもしれません。本人はまったく悪気はなくても。

自慢に聞こえるのは、受け取る側の対抗意識か、話す側の配慮不足でしょう。同級生との話に近況報告は避けて通れないものですが、気をつけなければ、相手との関係に溝《みぞ》をつくるもとになってしまいます。

ここでは、**【自慢っぽくならないようにして、近況報告するコツ】**をお伝えします。

1　共通しない話題は、さらりとする

結婚していない人に「子どもがかわいくて

……」と熱く語ったり、仕事をしていない人に「社内表彰されて……」と仕事の功績を話したりすると、歓迎されないこともあります（よろこんで聞いてくれる場合は別）。共通しない部分はさらりと流し、できるだけ〝共通項〟で話すのが礼儀というもの。

話が合わない同級生とは、ある程度、距離が生まれるのも仕方ないでしょう。

20代は境遇が似ている同級生が数人で集まって、30代、40代はそれぞれ忙しくて疎遠になる。50代以上は一周回って共通する部分が多く、大人数で集まるようになって「老後は～」「趣味が～」「親の介護が～」なんて話しているのも自然の成り行きです。

2 弱みもちらりと見せる

いいところばかりではなく、「いろいろあるよー」「しんどいこともあるけどね」と弱みも見せると、飾らない人だという印象になります。

私は、境遇がまったく違うけれど長年、親しくつき合っている同級生がいます。「なんでこの人と会いたくなるのか？」と考えると、いちばんは〝素の自分〟で会えるから。いいとか悪いとか関係なく、「こんなことがあって……」と話し、ときには悩みの種になっていることも話す……。「どう思われるか？」なんて気にしなくてもいい関係は、へんに飾らず、ざっくばらんに話すことでできていくように思います。

いますぐ実践！　キズナに効くアクション

ほめるより「がんばってきた」と労う

（同級生）

同級生とのキズナが深まるための声かけは、〝ほめ〟よりも〝労い《ねぎら》〟です。

たとえば、仕事でなにかの目標を達成したとき、「よかったね」「すごいね」とほめられるのもうれしいものですが、「がんばってきたからね」とか「昔から努力家だったから」などと労いの言葉をかけられたほうが、じーんときて、心の距離がぐっと近く感じるのではないでしょうか。

「ほめる」というのは、相手の良さを認めること。

「労う」は、相手の労苦をいたわること。

労いの言葉は、表面的な部分や結果を評価するのはなく、その裏にその人なりの労苦があったことを、相手の立場になって思いやる言葉です。

仕事や恋愛、家庭などでいいことがあったとき、趣味や旅行などでやりたいことが叶ったとき、やってきたことが一区切りついたときなど、労いの言葉を贈りましょう。

「たいへんだったね」「おめでとう。本当におつかれさま」「長い間、コツコツやってきたよね」「ずっとやりたかったことだよね」など、簡単な言葉でいいのです。

立場が違って安易に「たいへんだったね」などと言えないときは、「自分には想像できないけど、たいへんだっただろうと思う」など、正直に。わからないからこそ、わかろうとするやさしさが伝わります。

相手がうまくいっていない、失敗したなど、残念なときも一緒に悔しがって、「じゅうぶんやってきたよ」「やるだけのことはやったと思う」と、労うことができます。

労いの言葉は、見守ってきた人だからこそ言える言葉です。

相手だけでなく、労った本人も、あたたかい気持ちになってきます。

自分の歴史を知っていて、ずっと見ていてくれる人は、ありがたく、心強い存在。「よくがんばってきた」と労い合えるキズナは一生ものの宝だと思うのです。

いますぐ実践！ キズナに効くアクション

リアクションは3割増しで

初めてのパーティ

イベントや異業種交流会など初対面ばかりのグループは、緊張して、つい心の壁をつくってしまいがち。「どうせもう会わないから……」ではなく、「せっかくだから、一期一会《いちごいちえ》を楽しんでみよう」というスタンスで臨んでみましょう。「なんとなくいい感じの人」「もっと話してみたい人」という印象があれば、そこから長くつき合える友人になったり、仕事が生まれたり、異性であれば恋愛や結婚に発展したりすることは山ほどあります。

ここでは、初対面の人とのキズナをつくるコツについてお伝えします。

まず、だれでも簡単にできるのは、相手の話を聞くときに、リアクションを大きくすること。「3割増し」くらいにすると「あなたに興味をもっている」「仲良くなりたい」という気持ちが伝わります。リアクションが薄いとなにを考えているのかわからず、距離を置いてしまうでしょう。【3割増しリアクションのポイント】は3つ。

1　体全体でリアクションする　たとえば、おもしろいことを言われたときは「あはは……」と手を叩いて笑う。びっくりしたときは「えーーー？」とのけぞる。同意するときは、「ほんとに、そうですね」と大きくうなずく……というように体全体で応えて。

2　顔の表情でリアクションする　表情のなかでも、意識してほしいのは「目」です。話している人を、あたたかく、やさしい目で見る。または、キラキラ楽しそうな目で見る。驚いたときは、目を見開く。笑うところでは、思いっきり目を細めるなど、目の表情がゆたかな人は、生き生きとして、親しみのある印象になります。反対に、うつむいていたり、目が笑っていなかったりしたら、心が通い合わない印象に。

3　高めのトーンでリアクションする　すべて声のトーンを上げると、単調でうるさい印象になります。驚いたとき、楽しいときなどのポイントで「え〜！　おもしろいですね〜」と声のトーンとボリュームを少しだけ上げて抑揚《よくよう》をもたせましょう。

大きなリアクションを心がけると、会話も弾むようになります。いい意味で「この人はちょっと違う」と好印象をもってもらえたら、小さなキズナが生まれるはずです。

いますぐ実践！ キズナに効くアクション

初対面だからこそ、名前を呼ぶ

（初めてのパーティ）

初対面の人とぐっと距離を縮めるために、もっとも手っ取り早く、効果絶大な方法は、**「会話のなかに相手の名前を散りばめること」**です。

ただ単に「どちらからお越しですか？」と言うよりも、「○○さんはどちらからお越しですか？」。「服がおしゃれですね」よりも、「○○さんは服のセンスが抜群ですね」と言ったほうが、親しみを感じませんか？

「初対面でいきなり名前を呼ぶなんて照れくさい」「馴れ馴れしいと思われるのでは？」とためらう人もいるかもしれませんが、初対面だからこそ、名前を呼ぶという単純なことで、相手に好印象を与えられるのです。少々馴れ馴れしいくらいがいいのです。

「名前を呼ぶ」ということは、大勢のなかのひとりではなく、ひとりの人間として認めて

いること。「仲良くしたいです」というメッセージにもなります。

名前は、その人にいちばん心地よく響く言葉。その心地よさが、親しみと信頼感になります。相手もまた、あなたの名前を呼ぼうとしてくれるはず。

名前を聞いたり名刺を交換したりしたら、「素敵なお名前ですね」「初めて聞くお名前です」「どんな意味があるんですか？」など、名前について触れるといいでしょう。そこから自然に「○○さんは、～」と名前を呼べるようになります。

また、呼び方は「(苗字)＋さん」が一般的ですが、プライベートな場なら、「(下の名前)＋さん」もあり。ぐっと距離が縮まります。迷ったときは、「なんてお呼びすればいいですか？」と聞いてみるといいでしょう。

ただし、呼びすぎはわざとらしくなるので注意。「○○さんはどう思いますか？」「○○さん、ありがとうございます！」「○○さんは詳しいですね」などタイミングよく。

もうひとつの名前を呼ぶ効果は、名前を覚えること。**意識的に名前を呼んでいると、次に会ったときも出てきやすい**ので、ぜひお試しを。

いますぐ実践！ キズナに効くアクション

初めてのパーティ

いまの瞬間、共感できることを話題に

初対面の相手は、どんな素性の人かわからず、情報もかぎられているもの。「なにを話していいものか」と迷ってしまうかもしれません。

でも、身近なところから、話を拾っていけばいいのです。

いまの瞬間に、見えているもの、聞こえてくるもの、食べているものなど、〝五感〟に触れているものを話題にするといいでしょう。

「この料理、おいしいですね〜」「いま流れている曲、好きなんです」「カレーの匂いが漂ってきませんか？」「この椅子って、座り心地がいいですね」「この部屋、ちょっと寒くありませんか？」というように、**見たまま、感じたままを口にする**のです。

話の内容は大きな問題ではありません。それよりも口を開いて声を発しようとすることが大事。相手は「自分と話そうとしてくれている」と好感をもちますから。

また、「これ、おいしいですね」と言ったあとに、「食べ歩きが好きで……」と自己開示したり、「○○さんはどんな料理が好きですか？」と相手に振ったり、「料理といえば……」と連想ゲームのように話をふくらませることもできます。

いまの瞬間、共感できることを話題にすることには、もうひとつの効果があります。

人間には、**同じものを食べる、同じものを聞く、同じものを触るなど、感覚をともにすることで、仲間意識や信頼関係が生まれる**心理があるのです。

これは原始から受けついできた本能的な感覚でしょう。友人と寝食をともにしたり、親子でスキンシップをしたりすると密な関係になるはずです。身体を使ってつながることは、言葉でなんだかんだ言うことでは得られない安心感があるのです。

初対面だからこそ、身体の感覚をもち込むことで、相手のことがぐっと身近に感じられるようになります。五感で共感できる相手は、言葉のコミュニケーションでも共感できそうな気がしてきます。

話のきっかけでも、途中でも、「一緒に感じること」を口に出してみてください。

いますぐ実践！　キズナに効くアクション

盛り上がったら、SNSのグループづくり

（初めてのパーティ）

初対面の人と打ち解けて、「この出逢いを大事にしたい」と思ったなら、連絡先を交換するチャンスです。

「連絡先を聞くのは勇気がいる」「断られるのが怖い」と思っていませんか？

いきなり電話番号やメールアドレスを聞くのはハードルが高いかもしれませんが、SNSであれば、見知らぬ人ともつながっているので、わりと気軽に教えてもらえるもの。「友達申請していいですか？」「フォローしますね」という具合に。

また、個人的に聞くのがハードルが高ければ、同席している人たちと「みんなでSNSグループをつくりませんか？」と提案してみるのもいいでしょう。

そこから連絡し合う機会ができたり、個人的につながったりすることもあります。

人とのキズナは一気に深まるのは稀で、ハードルの低いところから徐々に上げて、お互いを知りながら、信頼関係を築いていくのがポイントです。

つながる理由がさしてない人とつながるためには、ただ、単に「SNSでつながりましょう」ではなく、無理にでも〝理由〟をつくることをおすすめします。

一度の出逢いを次につなげていく人は、とっさの理由づくりがうまいです。

「それ、詳しい友人がいるので、聞いたら連絡します」とか、「そのレストラン、今度、みんなで行きましょうよ」とか、「写真送りますね」とか。

小さな目的を決めてしまうのも連帯感を高めます。「未知なる料理を食す会」「韓国映画愛好会」「21世紀（昭和）を歌う会」などぴったりのテーマを見つけて。

私は4年前、旅先で一度集まっただけの人たちとSNSグループをつくっています。

それぞれの活動を楽しく眺めたり、なにかあるときは声をかけあったり、たまには個別に会ったり。フェードアウトするグループも多いなか、ずっとつながっていくのは、ほんとうに縁のある人たちなのかもしれません。

出逢い、つながり、キズナ……大切に育てていきたいものです。

いますぐ実践！　キズナに効くアクション

SNSは〝リアル・キズナ〟を補うものと考える

初めてのパーティ

いまやSNSは人間関係になくてはならないツール。SNSで「家族の結束力ができた」「結婚相手を見つけた」「仕事で助け合う仲間ができた」という人もいます。

SNSはリアルな関係に縛られず、キズナをつくることができますが、その利便性によって、リアルなキズナが薄れるというリスクもあります。「SNSの友達が増えると、意外に時間をとられる」「中毒性があって、つながっていないと不安」「苦手な人とのやり取りが負担」といった〝SNS疲れ〟にならないためにも、ほどよい距離感を見つけることが必要。【SNSで心地いい人間関係をつくるコツ】は……。

1　リアルコミュニケーションを最優先する　食事をするときに、相手とのおしゃべりや料理を楽しまずに別の人にSNSを送っていたり、アップするための写真撮影に夢中で話が上の空になったり……とリアルな関係よりも、ネットを優先していたら要注意。大切な人に目を向けたり、人間関係を深めたりするチャンスが奪われます。

実際に人と会って話すことや、目の前のやるべきことなどを優先して、SNSはそれを補ったり、充実させたりするためのツールと考えましょう。

大事な話や謝罪をするときも、SNSではなく、直接会って話したほうが、気持ちは伝わるもの。SNSをリアルコミュニケーションの代わりにしてはいけないのです。

2 「盛りすぎ」に注意

SNSは人と比べやすく、見栄を張りやすい場所でもあります。承認欲求のおばけになって、まわりの反応に一喜一憂したり、人のプライベートを見て嫉妬や劣等感を味わったりすることも。「自分をよりよく見てほしい」という気持ちはだれにでもありますが、大げさ、虚偽になると自分の首を絞めることになるので注意して。

3 疑う心も大切に

SNSでは文面や写真など一部の情報で、相手の顔色や声のトーンなど感情をうかがい知ることができず、一方的な思い込みや勘違いが起きやすいもの。「実際はそうではないかもしれない」「すべてはわからない」と、一部しか見えていないことを前提にやり取りを。また個人情報の流出にも、じゅうぶん配慮して。

第5章

「話しかけるのがうまい人」の秘訣

「話しかけたくなる人」とは「自分からも話しかけている人」

57

ここまでは、「なぜか話しかけたくなる人」について書いてきましたが、じつは「話しかけたくなる人」は「自分からも話しかけている人」でもあります。

普段、**「自分から話しかけている人」は、あまり壁をつくらずにオープンに接していて、しかもマナーもわきまえているので、まわりも安心して声をかけられます。**

「人から話しかけられない」と思っている人は、なんとなく苦手意識があって、自分からは声をかけていないのではないでしょうか。

こんなイメージで考えてみてください。

私たちは、同じシェアハウスで暮らしています。

ときどき、コンコンとノックして、「田舎から野菜が送られてきたので、お裾分けです」

とか「お風呂使いませんか？」とか「お茶でも飲みませんか？」と気軽に声をかけてくれる人がいると、自分も同じように、コンコンとノックしやすいものです。

節度があって、無茶なことはしない人なので、安心してつき合えます。

渡したいものがあっても、ドアの前に置いておくだけの人。

ドンドンと戸を叩き、部屋のなかにずかずかと入ってくる人。

そんな人とは、距離を置いてしまうでしょう。

心の扉に〝コンコン〟と、心地いいノックができる人は、まわりから愛されて、なにかと助けてもらったり、大切にされたりします。そこにずっといたいほど楽しい共同生活が送れるでしょう。

いままでより、少し意識して、自分から話しかけてみませんか？

きっと、まわりからも声をかけられる回数が増えるのを実感するはずです。

人に話しかけるようになると、話しかけられるのを待っているより、人との出逢いも仲良くなることも、何倍にも増えます。まわりの笑顔が増えることで、自信がついて、さまざまなことがうまくいく……というプラスのスパイラルが生まれるはずです。

58 「ふと感じたことのつぶやき」が話しかけになる

「話しかけたいけど、話しかけるきっかけがつかめない」という人は多いようです。

そこで、勇気を振り絞って、「あのぅ……、すみません」「いま、ちょっといいですか?」「忙しくないですか?」なんて言ってしまう。すると、相手も身構えて、「な、なんですか?」と不信そうな顔で見られることになってしまいます。

最初にお伝えしたいのは、**〝ファーストアクション〟はなんでもいい**ということ。

「ふと感じたことのつぶやき」が話しかけにもなります。たとえば……。

「今日はなんだか暑いですねー」「あ! きれいな花」「なんかいい香りがしますね」

「エレベーター、なかなか来ないなー」「この店、混んでますね」

というように、ふと思ったこと、感じたことを、そのまま口にするだけ。だれにでもできます。これだと自然に話しかけられるので、へんに思われることがありません。

大きな勇気をもつことも、気の利いたことを言う必要もないのです。

「今日は暑いですねー」とひとり言のようにつぶやくと（できれば語尾で相手の顔を見て）、大抵は「ほんと、嫌になっちゃいますね」とか「この夏いちばんの暑さらしいですよ」とか、ひと言、二言、返ってきて、会話が始まります。万が一、相手の反応が鈍くても、ひとり言にしてしまえばいいのです。


現代人の多くは、自分の感情を表現することが苦手になっているかもしれません。お手本は感情表現ゆたかな子どもたち。彼らは「お腹すいたー」「やったー」「おいしーい」と、思ったことをそのまま口にします。

意識して、普段から思ったこと、感じたことを、素直に口に出してみましょう。

だんだん慣れてきます。そんなふうに人との間、自分の内側と外側に壁のない人は、まわりに「なにを考えているかわかりやすい人」「親しみやすい人」として映ります。自分から話しかけないときでも、まわりから話しかけてくるようになるのです。

59 「相手に対する気づき」を口にする

話しかけ上手な人が、さりげなくやっているのが、「相手に対する気づき」を口にすること。

これも、目の前の相手から、ふと気づいたことを口にすればいいだけです。

「あれ？　今日は早いですね」

「お、字がきれいですね」

「書類棚、整理してくれたんですね」

といった具合です。ほめるのはちょっと照れくさいという人も、〝気づき〟であれば、感情を抜きにして言えるので、さほど抵抗はないでしょう。

相手は「わかりました？」「そうですか？」と言いつつも、気づいてくれたことをうれしく思うはずです。〝気づき〟というのは、「あなたのことを認めています」「気にかけています」というメッセージになりますから。

【相手に対する気づきポイント】としては、おもに2つあります。

1 「見た目」の気づき　「春っぽいコートですね」「傘持ってらっしゃいますけど、雨が降るんですか？」「今日は荷物が多いですね」「そのバッグ、使いやすそう」など、服、持ち物、表情、スタイルなど見た目から気づくことはいくらでもあります。

「素敵な靴」「いい笑顔」「おしゃれな眼鏡」など形容詞をつけると、ほめ言葉に。「そういうの、好きです」「センスを学びたい」など感想を加えるとさらにうれしい言葉に。

2 「行動」の気づき　「最近、忙しそうですね」「これから休憩ですか？」「気が利きますね」「仕事、一段落ですね」など。相手のやっている行動からの気づきを。

ただし、やりすぎは禁物。監視されているように感じるので、ときどきさらりと。

また、当然といえば当然ですが、相手に歓迎される気づきであること。間違っても、「あ、白髪……」とか「タレントの○○に似てますね（だれもが認める美男美女ならOKだと思いますが）」などの歓迎されない気づきは、礼儀として口にしないでおきましょう。

60 相手の変化に気づく

「相手に対する気づき」の声かけから、一段レベルアップしたのが、「相手の〝変化〟に対する気づき」です。代表的な気づきが、

「あれ？　髪切りました？」

というもの。「そうなんです！　今回は短くしてみました」「軽くなって、いい感じですよー」なんて会話が続きます。

「変化に気づく」ということは、関心をもってずっと見ている人だから、できることなのです。それだけで、相手は〝仲間意識〟に近い親近感を覚えるはずです。

これも、まずは「見た目の変化」がわかりやすいでしょう。

「季節を先どりした秋っぽい服ですね」「スマホ、変えました？」「ちょっと疲れてません

か？」「最近、体調がよさそうですね」「最近、明るくなった気がする」など、服や髪型だけでなく、顔の表情、声のトーン、振る舞いからも気づくことがあります。

ポイントは、「〜しました？」「〜っぽい」「〜そうに見える」など、ふんわりした言い方をすること。「変わりましたね」と断定するのではなく、「変わったように見える（間違っているかもしれないけど）」というニュアンスのほうが、相手も受け入れられやすいものです。

また、経過をそばで見てきた人だから、〝成長〟や〝よくなったこと〟にも気づくはずです。職場で「最近、手際がよくなってきましたね」「だんだん先輩らしくなってきた」、近しい友人なら「おしゃれになったみたい。いいことあった？」など。

仕事のパーティなどでよく会う男性で、きまって「あれ？　痩せたんじゃない？」と話しかけてくる人がいます。「あら、じつは太ったんですけど（笑）」「いや、なんとなくそう見えたから。ところで、〜」というように会話が始まります。

実際に変化したかどうかは大した問題ではなくて、**「ずっと気にかけてくれること」「それをきっかけに話しかけてくれること」が大事**だと思うのです。

61 簡単な「質問」「頼み事」が話すきっかけになる

先日、初めて行った居酒屋のご主人に「壁に貼ってあるサイン、だれのですか？」と話しかけたら、そこから話が弾んで、その場にいた常連客たちと盛り上がったことがありました。

ちょっとした「質問」や、ちょっとした「お願い」が、話しかけるきっかけになることがあります。そのポイントは……。

「相手が当然、知っていることを聞く」

「相手が当然、できることを頼む」

ということです。たとえば、レストランで「おすすめはなんですか？」と聞くと、「よくぞ聞いてくれました！」とばかりに答えてくれるでしょう。

背の高い同僚に「棚の高いところにある書類、とってもらえますか？」と頼むと、「よろこんで！」とばかりに応じてくれるはずです。

聞く相手（頼む相手）を間違えなければ、拒絶されることは、ほぼありません。

簡単な質問、簡単な頼み事であれば、だれにでも通用します。

「それ、なんですか？」「そのコーヒー、おいしいですか？」「いま何時ですか？」「（外から帰ってきた人に）まだ雨は降ってました？」などの質問、「ホッチキス、貸してもらえますか？」「写真、撮ってもらえますか？」「ついでにこれもお願いできますか？」などの頼み事があるでしょう。

とくに、その人の詳しいこと、経験したこと、得意なことを知っていれば、それは相手がこころよく応じてくれるポイントです。

「東京のお土産って、なにがよろこばれますか？」「先週、行かれたお笑いのライブ、どうでした？」「マッサージのやり方、教えてください」というように。

ふと疑問に思ったこと、ちょっとお願いしたいと思ったことは、どんどん口にしてみること。それが、お互い声をかけ合うことにつながるのです。

「相手が答えやすい質問」をする 62

人に話しかけられない理由として、「相手の反応が悪かったり、鈍かったりすると傷つくから」ということがあります。「自分は、人からどう思われているか？」と、〝自分〟のことを気にすると固まってしまうのです。

それを解消する意外な方法は、「自分＜相手」に目を向けること。

「この人はどんな人だろう？」と〝相手〟のことがわかるような質問を投げかけるのです。相手を知ろうとすること、相手に楽しんでもらうことだけに専念すると、自分のことはすっかり忘れて、自然に話すきっかけがつかめ、話しやすくなります。

そのためには、相手が楽しく話せるポイントを探りながら、「答えやすい質問」をすることが大事です。ここでは**【相手が答えやすい質問のコツ】**をお伝えします。

1　範囲を狭めて具体的に聞く　「好きなことはなんですか？」というような漠然とした質問には答えにくいもの。「休日はどんな過ごし方が好きですか？」と範囲を狭めた質問を。「家で映画を観るのが好きですね」と返ってきたら、「私もインドア派です。どんなジャンルの映画ですか？」と感想を入れつつ、さらに深掘りできます。

2　二択で質問する　「好きな食べものはなんですか？」と聞くより、「洋食と和食、どちらが好きですか？」の二択のほうが答えやすいでしょう。「理系タイプ or 文系タイプ」「動物を飼うなら犬 or 猫」「住むなら都会 or 田舎」など、二択の質問でも相手を知ることができて、そこから話をふくらませることもできます。

3　いきなり踏み込みすぎた質問をしない　「年齢」「結婚・恋愛・子ども」「居住地」「政治・宗教」などの質問をすると、不快に思う人もいます。よく知らない相手なら「出身地」「やっていた部活動・習い事」「好きな食べものやお酒」「旅行してよかった場所」「行ってみたい場所」など当たり障りのない質問から徐々に警戒心をとっていきましょう。

親しい関係になると、相手が話したいテーマや、お互いに共通するテーマもわかってきます。そこに絞って質問しましょう。

相手の返答から、会話を広げる

63

〝質問〟は、相手を知るため、楽しく会話するためのきっかけになりますが、「趣味は？」「血液型は？」など、あれこれ質問しては、尋問のようになってしまいます。

質問して、相手の答えのなかから、話をふくらませていくことが大事です。

人は関心のあること、話したいことになると、目が輝いて、言葉数が増えたり、声のトーンが高くなったり、早口になったりします。

そのポイントを見逃さずに、話を広げたり、深掘りしたりするのです。

【話をふくらませるコツ】は、次のようなものがあります。

1　連想ゲームで話を広げる　たとえば、相手の出身地を聞いて「大阪」ということがわかったとします。そこから「お笑い」「たこ焼き」「通天閣」を連想したら、

「大阪の人って、芸人さんでなくても、話にオチをつけますよね」

「一家に一台、たこ焼き器があるってほんとうですか？」

「昔、通天閣のビリケンさんの足を触りに行ったことがあります」

など、「お笑い」「食べもの」「観光」の方向性で展開できます。相手がよろこびそうなネタから出して、相手が喰いついてくれれば、「詳しく教えて」というスタンスで。

2　「5W1H」の質問で話を深掘りする　「いまも自宅でたこ焼き、やってますよ！」と反応がよかったら、「どんなときに作る？」「なにを入れる？」「作り方のコツは？」「どこのたこ焼き店がおすすめ？」など「だれ（Who）」「いつ（When）」「どこ（Where）」「なに（What）」「なぜ（Why）」「どのように（How）」の質問で深掘りしましょう。

3　流れのなかで自分のことを話す　一人ばかりが話しても、会話はつまらないものになります。ところどころで、「たこ焼きにチーズを入れてもおいしいですよね」と自分の意見を挟んだり、「私は歴史に興味があるんですけど、大阪でおすすめのお寺とかってありますか？」と、自分の聞きたい方向にもって行ったりすることで、自己開示もできます。相手も楽しい、自分も楽しい会話にしていきましょう。

64 「私は〜ですけど、〇〇さんは？」で自己開示

相手が積極的に話さないタイプのときは、あれこれ質問しても、話が弾まないことがあります。そんなときは、自分の話からすればいいでしょう。

「相手に話してもらわなければ」と考えすぎる必要はありません。

本当に仲良くなるためには、「自分のことを話すこと」がとても重要なのです。

「私はこんな人間ですよー」と〝自己開示〟することによって、相手も警戒心が和らぎます。自己開示の度合いによって、相手も自分のことを話してくれます。

心を開いてほしい相手には、自分から積極的に自己開示をしていくといいでしょう。

「私は〜ですけど、〇〇さんは？」という話し方は、自分の話したいことを話せばいいのでラク。ネタに困ることなく、自然に相手と一体感をもてます。

たとえば、「私は古い映画にハマってるんですが、〇〇さんは夢中になっていることとかありますか？」「私は和食が好きですが、〇〇さんは？」という具合。

初対面で相手の年齢や仕事など聞きにくい場合も、小さな自己開示から始めるでしょう。「私は〜世代ですけど、〇〇さんは少し下の世代ですか？」「私は事務の仕事ですけど、〇〇さんは？」など、やんわりと、徐々に近づいていけます。

先日、ある若い人が、貧乏な時代の話をしたあと、「アリカワさんはそういうことなかったですよね？」。「ありますよー」と貧乏ネタで盛り上がったことがありました。「打ち明けてくれる相手には、こちらも話そうではないか」という気になるものです。

これを「自己開示の返報性」といい、「この人になら話せる」「この人は特別」と感じてもらえるようになります。

コミュニケーションや、信頼関係は、互いの自己開示によって成り立っているもの。相手から質問されたときも、「〇〇さんはどうですか？」と逆質問してみましょう。

「自分のことを話すだけの人」は嫌われますが、「自分のことを話して、相手のことも聞く人」は、愛されるのです。

65 「なにかできること」を見つける

「荷物持ちましょうか」

そんなふうに声をかけて手を貸してくれる人は、話しかけ上手な人でもあります。自分を気遣って、しかも助けてくれる相手に、好感をもたないわけはありません。

エレベーターで「お先にどうぞ」「何階ですか？」と声をかける。キョロキョロしている人がいたら、「なにか探しものですか？」と一緒に探してあげる。忙しそうにバタバタしている人がいたら、「一緒にやりますよ」と手を貸してあげる……というような。

職場にそんな人がいると、お互いに声をかけて、助け合う空気が生まれてきます。

「気にかけてくれる人」には、あたたかい安心感や一体感があるのです。

反対に、「われ関せず」という人とは、コミュニケーションが少なくなるもの。知らない情報も多くなって、ミスが起こりやすくなったり、互いに責め合うこともあります。

普段からなにかと人を手伝っている人は、まわりからも助けてもらうことが多いもの。目の前にいる人たちの姿は、自分自身の姿でもあるのです。

試しに、**「会う人すべてに親切にしよう！」という勢いで過ごしてみてください。**

私は、そんな実験をやってみたことがあります。もちろん、すべての人には無理ですが、意外に声をかける機会は多いのです。

スーパーの列で「お先にどうぞ」、スポーツジムで「ここ、片付けておきますね」とか、定食屋でスタッフが忙しそうだったら「お茶は自分で淹《い》れますよ」というように。

やってみると、「いいんですかーーー？」「ありがとうございます！」とこちらが恐縮するほど感謝されて、かなり気分がよくなります。自分のことが好きになるほど。

実験による教訓は「情けは人の為ならず」です。

また、手を貸すときの声かけは「大丈夫ですか？」だと、相手は「大丈夫です」と答えてしまうもの。**「お手伝いします」「なにをすればいいですか？」と言ったほうが、相手も受け入れやすい**でしょう。

66 「笑顔」と「ゆっくりした話し方」で相手の不安を取り除く

話しかけ上手な人は、例外なく、〝笑顔〟です。

初対面の人でも、同僚や家族など身近な人であっても、無表情で声をかけてくる人、にこにこと微笑みながら声をかけてくる人の印象は、まったく違うでしょう。

人と接することは、相手がどんなに近しい人でも、心の片隅に小さな爆弾を抱えているようなもの。相手の態度によっては傷つくこともありますから。

無表情な顔で話しかけられると、「なに？　怒ってるの？」と不安になります。

話していても、なにを考えているのかわからず、不安はぬぐいきれません。

相手が笑顔で話しかけてくる時点で、「この人は自分を受け入れてくれている」「ぜったいに拒否されることはない」と、不安はさーっと取り除かれるのです。

笑顔でいるだけで、「あなたに心を開いています」「気持ちは穏やかです」というメッセージを受け取るからです。

もうひとつ、話しかけるときに意識してほしいのは、ゆっくり、はっきりと話すこと。

ゆっくりと話すと、振る舞いもゆっくりとなり、落ち着いた印象になります。

饒舌な人、頭の回転の速い人は、早口になる傾向があります。振る舞いもテキパキとしていて、一方的に押してくるイメージです。早口で話しかけられると、一瞬、なにを言っているかわからなかったり、言葉を挟む隙がなかったりすることもあります。

〝波長〟が相手と合っていないからです。

「ちゃんとしゃべらなきゃ」「これを伝えなきゃ」と焦ると早口になります。

高齢者や子どもに話すくらいの「ゆっくり、はっきり」がちょうどいいです。

人は、「話す言葉」よりも、「全体的な印象」で話す相手を選んでいます。

「笑顔」と「ゆっくり、はっきり」の明るく穏やかな印象で、心の扉をコンコンとやさしくノックしましょう。

67 あいさつに「ひと言」添える

「あいさつ」というのは、話しかけの絶好の機会。話す内容を考えたり、勇気を出したりしなくても、だれでも自然に話しかけられるからです。

でも、せっかくの機会、「おはようございます」だけで終わらせるのはもったいない。あいさつに「ひと言」添えると、〝コミュニケーション〟になります。相手の反応がよかったら、ちょっとした〝雑談〟を楽しむこともできるでしょう。

「ひと言」添えるのは、相手との心の距離を縮めていくステップ。仲良くしたい気持ちが伝わって、「心を開いている」「感じのいい人だ」と印象が格段に上がります。

「おはようございます。今日も暑いですね」と天気や季節の話題でもいいのですが、もっとバリエーションがあると、相手からもさまざまな「ひと言」が返ってきて、なにかと声をかけ合うことが増えていきます。

【あいさつに添えるひと言】は、おもに次のようなものがあります。

1　今日の気づき　「今日は電車が混んでいましたね」「今日は○○の日らしいですよ」「今朝《けさ》、ニュースで〜って言ってましたね」「最近、風邪が流行ってるみたいですね」

2　相手に対する気づき　「さわやかな色のスーツですね」「いつも背筋がしゃんとされてますね」「いつも元気ですね」「今度、○○の担当になったらしいですね」

3　感謝　「先日はありがとうございました」「昨日は手伝ってもらえて、助かりました」「ランチ、ご馳走さまでした」「いつも〜をありがとうございます」

4　気遣い　「昨日は遅かったんですか」「疲れてませんか」「今日もがんばりましょう」「調子はいかがですか」「(帰りに)お気をつけて」「無理されないでくださいね」

長々と話す必要はありません。その一瞬、相手の目を見て、笑顔で話しましょう。

あいさつに、たったひと言つけ加えるだけで、びっくりするほどその日のコミュニケーションがゆたかになり、人間関係はあたたかなものになります。習慣にすると、だれとでもラクに話せるようになるので、ぜひ試してみてください。

68 前の話を覚えている

スポーツジムで会った女性に、「実家は、どうだった?」と声をかけられました。

前に「来週は実家に帰るので、ジムに来られないんですよー」とちらりと言った話を覚えていてくれたのです。

「そうそう、実家の断捨離《だんしゃり》をしてきました」「ものを片付けるのって一苦労よねー」……と、そこから少しだけ話して、彼女は「じゃあ、また」とさわやかに去っていきました。

前に言ったことを覚えていて、気にかけてくれる人は、話しかけ上手であり、仲良くなりやすいものです。短時間でも、心にほっこりした余韻が残ります。

「給湯器が壊れたって言ってたけど、直りました?」「お母さんの具合、よくなった?」「週末のイベント、どうでした?」などと話しかけてくる人には、「ちゃんと覚えてくれていた」と感動さえします。「もっと聞いてもらいたい！」という気分になります。

そして、自分の物語を〝シリーズ化〟するように、また話ができます。仕事、家族、趣味、悩みの種など、前の話の内容を覚えている人には、続きを発展させていけるのです。

反対に、こちらの言った話をまったく覚えていなくて「それ、聞きましたっけ？」となる人は、自分に関心がないのだと思えてきます。当然、話もプッツ途切れます。

この差は、記憶力の問題のように考えられがちですが、そうではありません。

「ちゃんと覚えている人」は、「ちゃんと聞いている人」なのです。

人の話を「ふーん」と〝他人事〟として聞いている人は、数分後には忘れます。

「それは楽しそう！」「それは困りましたね」と、〝自分事〟のように共感したり、自分のことと結び付けて聞いている人は、自然に「どうなりました？」と出てきます。

「これは覚えておきたい」ということは、メモしておくのもおすすめです。

私は話のなかに出てきた家族やペットの名前などをよくメモします。別の機会に「○○ちゃんはお元気ですか？」など話すと、「よく覚えてますねー」とよろこんでもらえます。

話の概要やポイントだけでも覚えていることで、話しかける機会も増えるはずです。

相手の都合を見て声をかける

69

話しかけるのがうまい人は、いつでも、だれにでも声をかけるわけではありません。相手の都合を見て、タイミングよく声をかけています。「いまならいいかな」と話しかけられる人の立場になって考えるので、相手もすんなり応じることができるのです。

「あきらかに間が悪い」という人はいるもの。相手が忙しいとき、ほかの人と話し込んでいるとき、機嫌が悪いときなど、相手の都合を考えずに声をかけてしまうのです。

むずかしく考える必要はありません。基本的に相手が取り込んでいるとき以外はOKとして、とくに次の**【話しかけやすいタイミング】**を利用するといいでしょう。

- 会ったとき、すれ違ったときなど、近づいたとき
- 目が合ったとき

●横に座ったとき、立ったときなど、動きがあったとき
●「話しかけないで」オーラを出していないとき、時間の余裕がありそうなとき
●相手が一人でいるとき

これらはすべて、相手の様子を見ていないと、わからないことです。

人が横に座ったこともわからない、なにをしているかもわからない状態であれば、話しかけるきっかけもつかめないでしょう。

先日、電車でぼーっと立っていたとき、少し離れたところに座っていた男子高校生が近寄ってきて、「どうぞ、座ってください」と席を譲ってくれたことがありました。

とっさのことに思わず、「(高齢者ではないけど)どうして?」と聞くと、

「座りたそうにしていたから」とにっこり。

高校生は「だれか座りたそうな人がいたら、声をかけよう」と見渡していたのでしょう。親切に感動するやら、「座りたそうにしている様子を見られた」と恥ずかしいやらで、「ありがとう」と座らせてもらいました。これくらい、まわりに目を向けることができたら、話しかけるタイミングはつかみやすいのかもしれません。

悪いことには「前置き」する

70

話しかけ上手な人は、いつもポジティブな話を楽しくしているようですが、ときどき、残念な知らせや、耳の痛い指摘などネガティブな話もしてくることがあります。

毎日の生活のなかでは、困ったこと、悲しいことも出てくるもの。「いい話だけでつながりましょう」というのでは、表面的なつき合いになってしまうでしょう。

ただし、話し方に気をつけているかどうかで、相手のダメージも変わり、伝えた人への印象も変わるでしょう。場合によっては「言いにくいことを、よく伝えてくれた」と好印象になるのです。【悪いことを伝えるコツ】は……。

1 悪いことには「前置き」する たとえば、唐突に「私、深刻な病気になりました」といきなり言われると、ショックを受けたり、頭が混乱したりするでしょう。

聞く側は「いい話」か「悪い話」かもわからない状態なので、最初に「ちょっと悲しいお知らせがあります」とか「あまりよくないご報告なんですけど」と前置きすると、心の準備ができて、落ち着いて聞こうという態勢になるのです。

2 「概要」⇒「詳細」で伝える

たとえば、仕事でミスをして迷惑をかけそうなとき、最初から時系列で話したり、意見を挟んだりしていると、聞く側は話がどこに向かっているかわからず、不安になります。「相手はなにを聞きたいのか」をポイントに、ざっくりと概要を説明してから詳細に移りましょう。

3 最後はポジティブに締める

「残念だけど、〜の点はよかったです」「精一杯がんばります」「聞いてくださって、ありがとうございます」など、ポジティブな言葉で終わらせると、相手も救われたような気分に。

話しかけてくる人のなかには、「〜がイヤだ」「○○さんには困ったものだ」とネガティブな話ばかりしている人もいます。そんな人を見かけるだけで、「また悪い話をされる」と条件反射のように避けたくなってしまうもの。基本はポジティブであり、悪い話のなかにも「いいこと」を織り交ぜていくのが、話しかけ上手になるヒケツです。

71 話すことを後回しにしない

あなたは、「ちょっと話しかけてみよう」と思ったときに、「まぁ、いまじゃなくてもいいか」と後回しにしてしまったことはありませんか？

そうして、そのまま忘れてしまっていることはないでしょうか？

話しかけることのほとんどは、不要不急のことなので、その都度やらないと、だんだん面倒になってきます。

これは、整理整頓と似たようなところがあります。気づいたらすぐに片付けることを習慣にしなければ、モノは放置状態になってしまう。だんだん片付けるのがおっくうになって、どこにどんなモノが置かれていたかも忘れてしまうわけです。

「話しかけよう」と思ったときが、ベストタイミング。いちばん心の負担が軽い状態で、なにを話そうか、どう話そうかも、するっと出てきやすいものです。

話しかけるには、時間や場所など物理的なタイミングもありますが、「話しかけたい」と思った心理的なタイミングのほうがずっと重要です。

相手が取り込んでいるとき以外は、「話そうと思ったら、すぐに話しかける」と決めてしまうと、話しかける回数は格段に増えます。それだけ、話しかける機会はいくらでもあるのに、「まぁ、いいか」となっていることが多いのです。

私は、同じ場所にいる人には「話しかけたいと思ったら、すぐに話しかける」、それ以外の人には「思い出したら、すぐに連絡する」を自分の決めごとにしています。

その一瞬、話しかけたことで思わぬ展開になることがあります。また、久しぶりの人に連絡すると、「ちょうど、どうしているかと思っていた」となることが多いもの。ついつい後回しにしていると、疎遠になって連絡しづらくなるのです。

それと同じで、**相手から話しかけられたときは、少々忙しくても、それにきちんと応える**ことに決めています。「相手が話したい」と思ってくれたときがベストタイミング。それを逃しては、もったいないと思うのです。

おわりに

この本を書いていて、つくづく私は「話しかけてもらうことで生き延びてきた」という思いにいたりました。

これまで多くの職場で働き、数年おきに引越しをしている私ですが、いまでも自分をアピールすることができず、自分から人の輪に入っていくことも苦手な、内向的な面があります。

しかし、話をすることよりも、話を聞くこと、自分を受け入れてもらうことよりも、相手を受け入れることに力を注いできた結果、声をかけてくれるだれかの力によって、ものごとが好転してきました。

仕事で「これ、やってみる?」と声をかけてもらったり、プライベートで「一緒に遊びにいかない?」と誘ってもらったり、困ったことは「手伝おうか?」と助けてもらったり。作家になったのも、旅先で声をかけられたことが始まり。台湾で暮らしたのも、そこに声をかけ合える人たちがいたからです。

現在、九州に引っ越して2年になりますが、当初、ある温泉宿で食事をしていたとき、近くで新聞を読んでいる男性とふと目が合って、軽くあいさつをしたことがありました。

その男性は、その温泉宿を含めていくつかの施設のオーナーであり、多くの地域プロジェクトを成功させてきた実業家。何度か顔を見かけて話をするうちに、食事会に呼んでもらったり、大自然のヴィラで過ごす機会を与えてもらったり。なにより「今度、こんなことをしたいんだけど、どう思う?」とびっくりするような夢のある話を聞き、それを実行していく姿を見ると、こちらまでワクワクして元気になってくるのです。

ほかにも、マンションのなかで声をかけ合う人、よく行く店で雑談をする人、飲みに誘ってくれる人、お互いの家を行き来する人など、少しずつ話しかけてくれる人が増えることで、生活はゆたかに、心強くなっていきました。

いま、私のなかには、話がうまくなくても、ムリに合わせなくても、相手を好意的に受け入れる気持ちがあれば、コミュニケーションはラクになり、どこでも、どんな立場でも生きていけるという確信があります。

自分が話しかける人、つき合う人を選ぶよりも、相手から「この人には話しかけやすい」と選んでもらえる人になることが先決。それは、むずかしいことではなく、この本に書いたように、ちょっとした好意の積み重ねなのだと思います。

もちろん、すべての人から声をかけられるわけではありませんが、声をかけてくれる相手は、こちらのことをいくらか好意的に感じてくれている人。拒否される心配がなく、リラックスしてありのままの自分でいられれ、心が通い合う関係になりやすいのです。

そして結果的に、心から信頼できる人や一緒にいて心地いい人などを選んで、ポジティブな影響を与え合う関係が自然にできていきます。

そのためには、いま身のまわりにいる人も、これから出逢う人も、「ようこそ！」とあたたかく迎え入れて、もてなす心の余裕をもち続けたいもの。自分が笑いかければ、まわりの人も世界もにっこり微笑んでくれると思うのです。

有川真由美

装幀　小口翔平＋奈良岡菜摘（tobufune）
装画　achaca

〈著者略歴〉

有川真由美（ありかわ・まゆみ）

鹿児島県姶良《あいら》市出身。台湾国立高雄第一科技大学修士課程修了。作家・写真家。化粧品会社事務、塾講師、衣料品店店長、着物着付け講師、ブライダルコーディネーター、フリー情報誌編集者など多くの転職経験を生かし、働く女性のアドバイザー的存在として書籍や雑誌などで執筆。著書に、ベストセラーとなった『一緒にいると楽しい人、疲れる人』『感情の整理ができる女《ひと》は、うまくいく』『30歳から伸びる女《ひと》、30歳で止まる女《ひと》』（以上、ＰＨＰ研究所）や、『遠回りがいちばん遠くまで行ける』（幻冬舎）、『「気にしない」女はすべてうまくいく』（秀和システム）等がある。

なぜか話しかけたくなる人、ならない人

2020年10月１日　第１版第１刷発行
2021年１月12日　第１版第５刷発行

著　者　有川真由美
発行者　後藤淳一
発行所　株式会社ＰＨＰ研究所

東京本部　〒135-8137　江東区豊洲5-6-52
第二制作部　☎03-3520-9619（編集）
普及部　☎03-3520-9630（販売）
京都本部　〒601-8411　京都市南区西九条北ノ内町11

PHP INTERFACE　https://www.php.co.jp/

制作協力
組　版　株式会社PHPエディターズ・グループ
印刷所
製本所　図書印刷株式会社

ISBN978-4-569-84753-5

PHPの本

職場の女子のトリセツ

有川真由美 著

女性の性質を理解すれば、男の人生は劇的に好転する。会社でも家庭でも、「扱いづらい女性が最高の味方」に変わる上手な接し方を教えます。

定価 本体一、三〇〇円（税別）